KB214642

인터넷 웹사이트에 『창조론 연대기』 웹툰이 매주 한 회씩 올라오는 것이 눈에 띄어 호기심을 가지고 읽다 보니 나중에는 매주 목요일을 손꼽아 기다리게 되었다. 흥미 있게 보던 만화가 책으로 엮어 나오다니 너무 반갑다. 이미 『마가복음 뒷조사』를 통해 김민석 작가의 내공이 만만치 않음을 알고 놀라긴 했지만, 이 『창조론 연대기』는 읽는 내내 더한 감동과 재미를 선사해주었다. 그건 아마도 유준, 김수영, 박온유 등, 청소년기에 교회를 다닌 사람들이면 누구나 공감할 만한 친근한 주인공들이 너무나 생생하게 그려졌기 때문일 것이다. 읽는 내내 주인공들에게 감정이 이입되었고, 오래전 나의 청소년기로 돌아간 듯한 느낌은 그래서 더 반갑고 고마웠다. 누구나 읽고 이해하고 즐길 수 있도록 쉽고 재미있게 내용을 풀어가면서 동시에 매 장 깨알같이 참고문헌을 인용하고 나열해가는 작가의 진지함과 성실함이 보였기에 더욱 감탄할 수밖에 없었고, 유익하고 재미있는 만화책의 전형을 보고 있는 것 같아 읽는 내내 즐거웠다. 기독교인들이 지적 성실성과 진지함을 잃지 않으면서 올바른 믿음을 지키며 살아가는 길을 찾는 데 이 책이 큰 도움이 될 수 있으리라 생각하며 기쁜 마음으로 일독을 권한다.

권영준 연세대학교 물리학과 교수

창조는 우리가 전해 받은 성경의 가장 첫 부분을 차지하며, 그만큼 우리 신앙의 핵심을 차지한다. 장엄한 창조 이야기는 온 땅을 지으신 하나님과 그의 형상대로 지음 받은 사람의 존엄함을 선포한다. 그렇지만 아주 일찍부터 성경과 창세기는 인류의 기원을 과학적으로 설명한 글로 오해되어왔고, 그로 인해 실상 하나님의 말씀으로써 창세기가 말하고자 하는 바는 철저히 무시되어왔다고 할 수 있다. 이를 생각하면 창세기의 창조에 대한 올바른 이해는 구약과 성경 전체를 바라보는 올바른 시각과 직접적으로 연결된다고 할 수 있다. 『창조론 연대기』는 이 중요한 지점을 다룬다. 이 책은 '창조과학'을 처음 접하고 내가 가진 신앙을 자랑스러워했던 나 자신의 이야기다. 그리고 신앙인으로 쉽지 않은 일상을 살아가면서 '창조과학'이 '과학적 접근'에 미치지 못하고, 나아가 '신앙적 접근'으로도 타당치 않음을 발견해가는 나의 이야기이기도 하다. 연재되는 동안 한 편도

빠뜨리지 않고 즐겁게 따라 읽었던 독자로서 마침내 이렇게 한 권의 책으로 출간되고, 게다가 출간된 도서에는 연재에 없던 분량까지 있으니 더욱 기쁘다. 지루하고 장황할 수 있는 창조에 대한 신학과 과학 사이의 논쟁을 이렇게 재미있게 만들어낸 그 상상력과 손길에 복 있을진저. **김근주** 기독연구원 느헤미야 구약학 교수

신앙과 과학의 관계는 이 만화의 주인공들인 준이와 수영이의 관계만큼이나 사랑과 애정, 오해와 뒤틀림, 회복과 신뢰의 과정을 거쳐왔다. C. S. 루이스의 판타지 문학 시리즈인 『나니아 연대기』처럼 기독교 웹툰 작가 김민석은 『창조론 연대기』를 통해 창조와 과학의 세계 속으로 걸어 들어가 실체를 탐구하고 있는 인디아나 존스 같은 존재다. 작가는 신앙과 과학이라는 늪에서 허우적거리며 출구를 찾으려고 애쓰고 있는 많은 크리스천 학생들에게 긴 막대기를 건네주는 고마운 손길이다. 그는 어려운 이슈를 그들의 언어와 그림으로 담은 명작 신학 만화를 그려냈다. 복음 변증에 대한 새로운 장르를 개척한 저자의 노고에 힘찬 박수를 보낸다. 한국교회의 중고등부, 대학부, 및 청장년들에게 권하고 싶은 시원한 사이다 같은 만화다. **류호준** 백석대학교 신학대학원 구약학 교수, 목사

창조에 관해 이렇게 재미있게 배울 수 있는 책이 또 있을까? 한 시대를 풍미했던 창조과학의 경직성을 넘어 과학과 성경을 폭넓게 이해하는 균형 잡힌 시각을 갖는 일은 기독교인 누구에게나 절실히 필요하다. 건강한 견해를 가지려면 과학과 신학의 복잡한 주제들을 다뤄야 하지만 웹툰으로 제작된 이 책은 쉽고 흥미진진한 배움의 길을 제시한다. 짠한 추억과 낭만, 그리고 신앙의 기억들 속으로 흠뻑 빠져들게 하는 이 책은 중고생에서 성인까지 누구나 쉽게 읽을 수 있으며 꼭 읽어야 할 책이다. 책을 읽는 동안 독자들은 등장인물들에 비친 자신의 모습을 발견하며 어려운 줄만 알았던 창조의 주제들을 쏠쏠한 재미와 함께 속속들이 배우게 될 것이다. **우종학** 서울대학교 물리천문학부 교수

나는 신앙인으로 태어나 자랐다. 내게는 기독교 신앙에 대해 한 치의 의심이 없었다. 그런데 다른 사람들이 묻는 말에 대답하지 못했다. 그러던 중 창조를 향한 믿음이 한순간에 무너져 내리는 아픔이 있었다. 오랜 시간 공부한 후에야 창조와 진화가 다툼의 대상이 아니라는 것을 알게 되었다. 만화 『창조론 연대기』는 수십 년에 걸친 내 번민을 단숨에 정리했다. 이 책을 읽는다고 모든 안개가 맑게 걷히지는 않을 것이다. 하지만 이 책을 읽으면 '질문하는 용기'를 얻을 것이라고 확신한다.

이정모 서울시립과학관장

『창조론 연대기』는 사랑에 관한 책이다. 사랑은 달콤하다. 그러나 또한 쓰다. 때론 맵다. 우리는 그런 사랑을 먹고 자란다. 수영을 향한 준이의 사랑은 혼란 속에서도 그의 우주를 넓혀주었다. 진리를 향한 수영의 사랑은 불안함 속에서도 새로운 땅에 발을 내딛게 했다. 하나님을 향한 온유의 사랑이 다시금 질문할 용기를 내게 했다. 우리도 그렇다. 사랑하기에 당혹스럽고, 사랑하기에 혼란스럽다. 이런 혼돈의 시간을 통과할 수 있는 것은 하나님을 향한 우리의 사랑, 그리고 무엇보다 우리를 향한 하나님의 사랑 때문이다. 그 사랑이 빛을 창조한다. 작가는 창세기와 과학에 대한 우리 모두의 갈등과 고민이 하나님이 지으신 세상과 하나님이 말씀하신 성경에 대한 우리의 사랑 때문임을 더할 나위 없이 잘 그려냈다. 한 번 이 책을 읽기 시작하면 어느덧 마지막 장을 넘기는 자신을 발견할 것이다. 사랑 이야기는 언제나 멈출 수 없이 매혹적이기 때문이다. 감히 추천이 필요 없는 책이다.

전성민 밴쿠버기독교세계관대학원 학장

창조론 연대기

창조론 연대기

Knowing God's Creation

김민석 지음

차례

작가의 말

열일곱 살. 이 만화에 등장하는 인물들의 나이다. 그리고 내가 창조과학이라는 것을 처음 접했던 나이이기도 하다. 모태 신앙인으로 자랐지만, 하나님과 성경에 대한 믿음이 본격적으로 생겼다고 할 수 있는 시기가 그때였다. 그 믿음을 방해하는 것들에 대한 방어적인 마음도 그때가 가장 컸으며, 자연 및 과학은 그 방해물들 중에서도 단연 으뜸이었다. 성경은 인간이 이 세상의 시초로부터 겨우 6일째에 창조되었다고 말하는데, 대체 수억 년 된 공룡 화석들은 뭔가? 성경이 틀린 건가? 창조과학이 내 마음을 파고든 지점이 바로 여기였다. "과학이 틀릴 수도 있는 거 아냐?" 그리고 공룡 발자국과 사람 발자국이 같이 찍혔다는 화석이라든지, 실제 노아 방주의 흔적을 발견했다는 내용들, 그리고 진화론에 대한 흠집내기식의 갖가지 설명을 듣다 보면 현대 과학에 대한 꽤 전복적인 사고가 심겨지게 된다. 과학을 잘 모르던 사람도 창조과학 강의를 듣고 나면 자신이 현대 과학의 엉성한 실체에 대해 꿰고 있다고 착각하게 된다. 특히 당시의 나와 같은 10대들에게 이러한 영향은 대단히 강력하고 치명적이었다.

그러한 영향으로부터 자유로워진 것은 불과 몇 년 전의 일이다. 과학에 대해서 더 잘 알게 되기도 했고, 창조과학의 수많은 오류를 접하게 되기도 했지만, 그 이전에 성경을 진지하게 읽기 시작했기 때문이었다. 특히, 이 작품을 구상하는 과정에서 여러 성서신학자의 책을 통해 도움을 받으며, 창세기는 어떤 책인지, 어떤 배경에서 무슨 목적으로 쓰였는지 등을 공부해가기 시작했다. 그 결과, 그동안 거의 기계적인 문자주의로 창조 기사를 읽던 시야가 트이게 되었다. 창조 기사는 우리에게 신의 존재를 증명하기 위해 마련된 참고서라기보다는, 하나님께서 우리를 어떤 존재로 정하셨는지에 대한 그분의 왕적 명령이자, 음성에 가까웠다. 하나님의 형상인 인간이 다스리도록 맡겨진 이 피조세계의 중요성에 대해서도 깊이 생각해보게 되었다. 그로 인해 과학과 자연에 대한 관심 역시 커졌다. 예전에는 새로운 과학적 발견에 대한 뉴스가 뜰 때마다 움츠러들었지만, 이제는 오히려 더 관심 있게 보게 되었다. 모든 자연 법칙은 하나님의 경이로운 작품들이었다.

『창조론 연대기』는 나와 비슷한 과정을 겪었거나, 과학과 창세기 사이에서의 혼란을 적어도 한 번쯤은 겪어본 우리 모두의 이야기다. 이제 막 신앙이 뜨거워진, 그럼에도 질문하는 법을 먼저 배우지 못하고, 방어막을 치고 신앙적 게토에 스스로 갇히는 법부터 배운 고등학교 1학년생들이 등장한다. 과학과 창세기라는 예민한 고민거리를 두고 서로 갈등하고 상처주기도 한다. 하지만 그러면서도 주인공 준이는 자신이 짝사랑하는 수영이와의 대화와 만남을 이어가기 위해, 불가피하게 창조론의 여러 가지 입장들을 탐구해나가게 된다. 그리고 소위 창조과학으로 불리는 젊은지구 창조론만이 창조론의 유일한 입장이 아님을 알아간다. 준이에게는 너무나 불편했을 그 과정 속에서 과학에 대한, 그리고 창조 기사에 대한 그의 이해는 점차 풍성하고 또렷해져 간다. 작가인 나 역시 준이와 함께 과학과 성경에 대한 이해가 넓어져 갔다.

이 만화는 총 28화 분량으로 에끌툰에서 연재되었고, 이 책에는 연재

물에 포함되지 않은 약간의 추가 분량이 마지막 부분에 '에필로그'로 들어가 있다. 완성하기까지 도움을 주신 감사한 분들이 참 많은데, 우선은 연재 중에 사랑 넘치는 응원으로 이 작품을 끝까지 해낼 수 있게 힘을 주신 모든 독자분께 진심으로 감사드린다. 그리고 처음에 창세기와 과학에 관한 주제로 작품을 그려볼 것을 제안해주시고, 작업 공간도 마련해주시면서 후원을 아끼지 않으신 새물결플러스의 김요한 대표님께 무한한 감사를 드린다. 아울러 새물결플러스 모든 직원분의 수고와 배려에도 깊이 감사드린다. 특히 기획 단계에서 같이 고민해주셨던 최경환 연구원님, 기획 단계부터 책에 들어갈 마지막 추가 분량까지 함께 고민해주신 이승용 팀장님, 많은 도움 주신 임성배 대리님, 그리고 책의 편집과 디자인에 너무나 수고해주신 이재희 디자이너님께 감사드린다. 또한, 연재 중에 응원을 아끼지 않으며 세부적인 내용을 바로잡는 데 많은 도움을 주신 우종학 교수님, 작품에 도움이 되라며 창세기 이해에 관한 좋은 강의안을 보내주셨던 전성민 교수님, 아직 출간 전인 원고임에도 역시 작품에 도움 되라고 저서를 보내주셨던 윤철민 목사님께도 너무나 감사드린다. 마지막으로, 이 작품의 구상 단계부터 마지막 부분까지 스토리를 함께 고민하며 큰 힘이 되어준 아내 안정혜 작가에게도 특별한 감사의 마음을 전한다.

앞으로도 과학은 계속해서 발전할 것이고, 그 과정에서 더 많은 발견이 있을 것이며, 창조 기사에 대한 고민과 논쟁 역시 계속될 것이다. 하지만 나는 이 작품을 그리면서, 이제 그 과정들이 피하고 싶거나 두렵지 않게 되었다. 오히려 기대와 설렘으로 이 주제를 계속 주목하고 탐구해갈 수 있도록, 내 마음에 귀중한 주춧돌을 하나 놓게 된 것 같아 참 감사하다. 과학과 창세기라는 안개 속을 거닐며 그와 비슷한 주춧돌 하나를 찾고 있을 모든 독자분과 이 작품을 나눌 수 있어 더 감사하다. 알리스터 맥그래스가 그의 책 『도킨스의 신』 말미에 썼던 글귀가 내 마음속에서 크게 울린다.

“양쪽 진영에는 이미 마음의 문을 걸어 잠근 사람들도 있을 것이다. 그러나 증거와 논쟁은 그렇지 않다. 과학자와 신학자는 서로에게 배울 것이 너무나 많다. 우리가 서로에게 귀를 기울인다면 은하수가 노래하는 소리를 들을 수 있을 것이다. 하늘이 주의 영광을 선포하는 것도(시 19:1).”

2017. 1. 김민석

주/요/등/장/인/물

유준

창세기와 과학의 괴리에 고민 많은 고등학교 1학년생. 어느 날 교회에서 듣게 된 창조과학 강의로, 모든 해답을 찾은 것처럼 들뜬다. 그러나 짝사랑하는 같은 반 친구 수영이를 통해, 이 문제가 그리 간단치 않음을 서서히 깨달아간다. 신앙은 좋은데 눈치가 조금 없다.

김수영

준이와 비슷하게 과학과 창세기의 문제에 관심이 많은 고등학교 1학년생. 과학자인 아버지 영향 때문인지, 과학 지식에 꽤 해박하다. 자꾸 자신에게 접근하는 준이를 불편해하는데, 아무래도 과거의 깊은 상처가 아물지 않은 탓인 듯하다.

박온유

준이, 수영이와 같은 반 학생으로 아주 보수적인 신앙의 가정 환경에서 자랐다. 중학교 시절에는 물리학자가 되는 것이 꿈이었으나, 과거의 어떤 사건을 계기로 현대 과학을 증오하게 되었다.

박건호

준이와 같은 반이자, 중학교 시절부터 준이와 알고 지낸 절친. 준이와는 조금 다르게, 눈치도 있고 의리도 있다. 수영이를 향한 준이의 어설픈 구애에, 답답한 나머지 여러 조언과 도움을 주게 된다.

고민희

수영이와 오래도록 알고 지낸 단짝이자, 현재 같은 반 친구. 오지랖 넓고, 털털하다. 수영이의 과거 상처에 대해 누구보다 잘 알고 있다.

박사무엘

신학대학교 1학년생이자, 온유의 친오빠. 과거에 수영이와 사귀었었다. 보수적이고 근본주의적 신앙을 갖고 있으며, 창조과학을 누구보다 열렬히 신봉한다.

1화

혁명의 시작

6일 만에 창조된 지구.

노아의 홍수로 형성된
지층과 화석들.

게다가 공룡 발자국과 함께 찍혀 있는...

사람...! 사람...!
사람 발자국이라니!!

그날 교회 청소년부 수련회에서, 나의 모든 의문이 풀렸다.
유준(17)

두 시간이 채 안 되는 강의였지만
창조과학

그간 과학과 창세기를 도저히 조화시킬 수 없었던 내게 그것은...

혁명이었다!

창세기 얘기로 날 놀려대던 녀석들...

반장,
교회 다닌다며~
다 들었어~
근데
뭐?

그럼 너도
신이 6일 동안
세상을 만들었다고
믿는 거야?

...그래
믿는다, 왜?

야야,
들었지 다?
반장,
진심??
헐
반장
개독이래.

크윽... 그때 수영이도 다
듣고 있었겠지...

하지만 괜찮아.

혁명은 이미 시작됐으니까!
부우우우우웅

그니까
사실
간단한 거야.

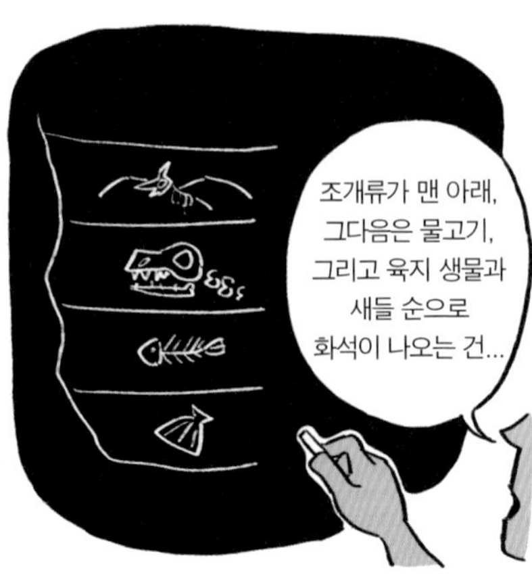
조개류가 맨 아래,
그다음은 물고기,
그리고 육지 생물과
새들 순으로
화석이 나오는 건...

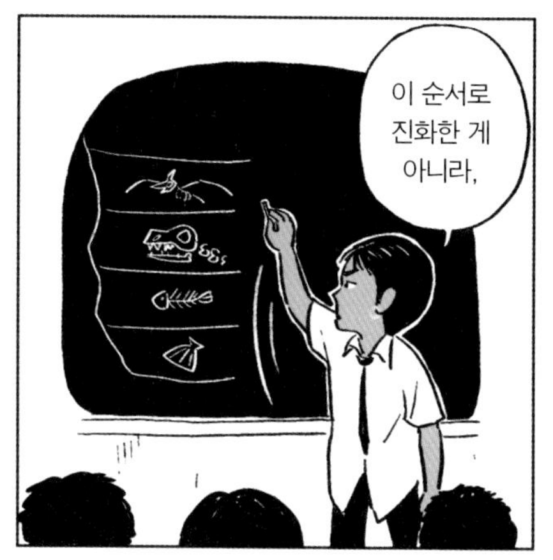
이 순서로
진화한 게
아니라,

전 지구적인
노아의 홍수 때
퇴적물에 묻힌 생물들이
살던 곳을 나타낼 뿐이야.

봐봐, 높이 살던 애들은 위에.
바다 깊이 살던 애들은
아래.

그냥
그뿐이야.
진화 같은 건
애초에
없었다고.

애들 반응은 예상보다...

좋았다!
역시
반장인가?
ㅅㅂ...나 혹하려
그래...
나름 그럴듯
한듯?
조정용(17)
성철민(17)

그런데...

수영이는 안 보고 있었다.

반장 니 그럼...
노아 홍수, 그게 진짜
있었던 일이라고?
레알?

그렇다니까.
실제로 아라랏 산에
갔던 탐험대가
방주의 흔적을
발견하기도 했대.

와...ㅅㅂ
진짜면
대박인데?

참나...

수영이는... 왜 저러지??

쭌이 니 그거 구라면 뒤진다?

내가 뭣하러 구라를 까겠냐? 야, 이것뿐만이 아냐.

미국 텍사스 어디에서 발견된 화석인데,

무려 공룡과 사람 발자국이 함께 찍힌 거다.

나, 나도 이렇게 개독이 되는 건가?
조정용, 오버 쩌네...

수영아 너도 이건 좀 놀랐을 거...
드륵

어....
김쑤
어디 감?
매점 가자.

이러면... 안 되는데...

야야, 또
뭐가 있냐?
개신기하네.
없어... 이게
끝이야...

터덜 터덜

하...
쭌 저 ㅂㅅ...
박건호(17)

어!

반장, 여기서 뭐함?
김수영(17)
고민희(17)
아...

수영이한테 뭐 좀 물어보려고...

나...? 왜?

하... 예쁘다...
잠깐 얘기 좀...

얘기해 지금.
엄훠...
아니... 그...

야, 반장이 너한테 고백할 각인데?
아 좀 닥쳐...

먼저 간다~
호호호...
야, 고민희!!

아 뭔데
빨리 얘기해.
종 치겠다.
그...
아까...

내가 애들 앞에서
했던 얘기...
왜... 듣다 나갔어?

좀...
듣기 싫어져서.

아니... 왜...??

그냥 좀…

사기 치는
느낌?

어 수영아,
사기 아냐!
다 사실들이야!

누가 해준
얘긴데?

아… 그…
어떤
선교사님이…

……?
…엥???

...얼래?

선교사님이긴 하지만
과학 되게 잘 아는
분이시고, 또...
반장...

교과서를 뒤집는
그런 얘기를
애들 앞에서 할 거면...
주워들은 얘기 말고
학술적인 책이라든지
자료 같은 거 좀 인용해야
하는 거 아냐?

뭐야... 분위기
왜 저래?

수영아, 그게...
과학자들 연구라고
다 믿을 게 못 돼.

헐... 뭐래...??
사실 너는
잘 모르겠지만...

생각보다
과학자들이 좀 멍청해.
오류도 엄청 많고...
떠벌
떠벌

...뭐?

으악!!
쭌 저 ㅁㅊ...!!

야!
말이 좀 심하다?
어...?

건호야,
수업 시간
다 됐는데.
야야,
잠만 잠만...

아...
최순(51)
준이네 반 담임.
생물 교사.
그래
잠만 잠만...

수업 시간에
맨날 니가
잠만!
악!
잠만!
퍼질러 자는 건
내가 잘 알지.
아 쌤.. 악!

너 말
함부로
하지마!
아니
수, 수영아
왜 그래...?

어이없다,
진짜...
휙

아니...
왜지...??
탁탁탁

내가... 뭘 잘못한 거지..?

무슨 못할 말을 했나?
왜 화가 난 거지? 왜??

수업은 뭐 요 정도로 하고...
툭
보자... 이번 2학기 과학 수행평가는 토론 수업인데...
뭘로 토론하는데여?

진화론과 창조론.
둘 중 하나 선택해서 모둠별로 준비해와서 토론한다.

허얼!!
창조론은 왜 함?
담임이 교회?
그럴 리가…

우리 학교 기독교 학교임?
ㄴㄴ

수행평가로… 창조론과 진화론?
야 반장은 좋겠네ㅋ

아 시끄럽고, 어이, 반장!
애들 각자 진화론, 창조론 뭘로 할 건지 조사해서 나한테 가져와. 모둠 짜게.
난 진화론
미투

아… 언제까지지요?

오늘 안으로만 가져와.
드륵

나 오늘 야자 감독 이니까…
씨익

윽 싫어…
극혐.
야 오늘
째긴 글렀다.
ㅅㅂ…

니 좀
나와봐.
어어???

왜 뭔데?
쭌아, 내가…

아까 니랑 김쑤랑
얘기하는 거
어쩌다가 좀
들었거든?
뭣이?

쭌이, 니…
김쑤 아버지가
과학자이신 거
몰랐어?

그래?
과학자셨어?

…

생각보다
과학자들이 좀 멍청해.
오류도 엄청 많고…
떠벌
떠벌

멍청해.
오류도 많고.
멍청해.
오류도 많고.
멍청해.
오류도 많고.
멍청해.
멍청해.
멍청해.
오류도 많고.

마, 망했다.

야 빡건!
그런 건 진작에
얘기해줬어야지!!
뭔 개소리야.
지난번 담임 얘기
못 들었음?

수영이는 아버님이 과학자셔서 그런가,
과학 성적은 항상 탑이네.
올~
이욜~

못 들음.

하필 그걸 못 듣냐...?
김쌰는 니가 알고 얘기한 걸로
생각할 거 아냐.

아 미치겠다... 수영이가 이제
나 완전 싫어하겠다...
어떡하지 이제?

뭘 어떡해.
걍 솔직하게
사과해야지.

음...

톡
톡
톡
수영아 미안해 너희 아버
톡

아오!! 답답아,
그런 건 톡하지
말고 직접 해야지!
꽉

아...수...

툭

어우 깜짝...
척

?

먼 산-

2화

준이의 진심

수영아... 하하...

...비켜.

휙

수영아,
잠시만...

놔 이거.
스윽
탁
너랑 할 얘기 없어.
헙.
야야, 왜 그래??
야이, 미친놈아…
사과를 하라니까 왜 난데없이 손을 잡니…

반장이 니한테 고백한 거 아니었음?
아, 이상한 얘기 좀 그만해…

…아님, 반장 왜 저러는 건데?
몰라, 내 알 바 아님.

하긴 뭐, 내 알 바도 아니지.
흥~ 흥~♪

흥흥~♫
흥흥♫
흥흥♪

벌떡
안 되겠다!

야야, 빡건!
어, 고민.

반장 왜 저래?
니, 잘왔다ㅋㅋ

자초지종…
쭌이가…
김쑤
아버지…

으악!!

반장 대형사고
쳤구나… 어뜨케.

쭌이 이 띨띨이가
모르고 그런 거라고
김쑤한테 얘기 좀…
그니까 니가 좀
도와주라.

아니야, 고민희
하지 마.
얘기는 내가 한다.

오올…
잘도 하겠다
ㅅㅂ
으음…

이거 좀...
쉽지 않겠는데...

1년 전.

어이!
으익!

니 무슨 말
하려고 한 거
아님?
아,
아냐 아냐~

6교시 후 쉬는 시간.

난
진화론.
ㅇㅋ.
나도.
쭉쭉
야 나도
쫌만…

난 창조론.
방세종(17)

창조론을 택하는 애들이 그래도
적지 않았단 사실에 놀랐지만…
오… 빵세
의원데?

내 모든 세포는 단 하나의
목표점만을 향해 있었다.

뚜벅
뚜벅
뚜벅

뚜벅

과학 수행평가
주제... 뭘로 할 거야?

줘봐.
적어서 줄게.
아...
그래...

흠...
흠흠...
난 요거.

자
김쑤.

저...
수영아.

미안해.
내가 과학자
어쩌구 함부로
했던 말...
진심으로
사과할게.

오올…ㅋ
왜왜?

근데 나쁜 맘으로 한 말은 아냐.
나, 너희 아버지께서 무슨 일 하시는지 전혀 몰랐어.

웃기시네…

진짜야! 수영아, 나 정말 몰랐어.

아~ 나, 기억나. 담임이 너네 아버지 얘기할 때, 반장 재 졸고 있었음ㅋㅋ

맞아… 그러니까…

그걸 알고 그랬든 모르고 그랬든.

어쨌든 반장 니가
과학자를 그렇게
안 좋게 생각하는 건
맞잖아? 아냐?

……

할 말 없음
꺼져.

야, 김쑤 니
말이 좀
심하잖아?
하지 마…

준이가 그래도
사과를 했는데
그딴 식으로
받냐?

억...
아, 하지 말라고!!

내가 잘못한 거니까.
나한테 ㅈㄹ이야...

야 김수영.

왜?

나 너 좋아해.

꺅...

...어쩌려는 거야?

고백을 뭐 저딴 식으로 함?
야 반장한테 뭘 바람ㅋㅋ

사실 다... 그것 때문이었어. 이 모든 일이.

야, 헛소리 하지 마.

내 말 끝까지 들어줘.

눼 말 끝끄지
들으쥬!
엄훠~

그냥 니 앞에서…
무식한 개독으로
보이고 싶지
않았어.

그래서 교회 안에서도
과학에 대한 이런
입장이 있단 걸
알려주고 싶었던 거고…

솔직히 신기한 얘기
해주면서 좀
뻐기고 싶기도 했어.
너한테 똑똑해
보이려고…

그러다가 과학자들
까면서 완전 오버했어…
미안해.

근데 그게 내
진심은 아니었단 거…
말해주고 싶었어.

……

고백을 하는 거여,
사과를 하는 거여?
뭣이여?
뭣이
중헌디?
ㄷㅊ
겁나
깝깝하네잉…

딩동딩~♫
딩동댕~ 딩동~♪

수영아…

제발… 무슨 말이라도 좀…

탕
탕

종 쳤는데 자리
안 앉고 뭐하냐,
니들?
어??
사회?

7교시
자습인데요??
자습인데요
??
바뀌었다.

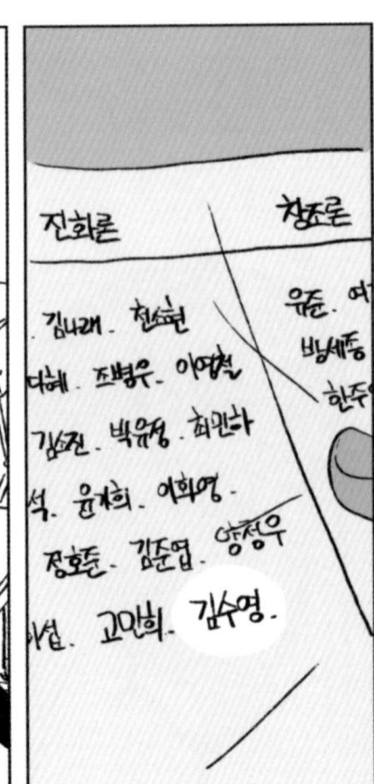
진화론
창조론
김수영.

하...

짹짹 짹

아... 솔직히
등교시간 넘 빠름.
어차피 다 자는데...
그니까...
어...
번쩍
수영아!
쌩
안ㄴ...

...어떡하냐, 쭌.
쟤 앞으로 계속
저럴 거 같은데.

아니 왜? 사과하고
진심을 얘기했는데
그게 무슨 죄야?

죄는 아니고 걍
니 싫다는
거임.

와사삭
억…

야! 빡건, 니가
뭘 알아?
아직 수영이
아무 말도 안 했거든!
좋다고도 싫다고도!

……
씩
씩
씩

보자…
반장이 어제
과학 수행평가
주제 조사해온 걸로
모둠 짜봤는데…

토론 수업하기엔
진화론, 창조론
인원 차이가 너무 심해.
불안…
불안…

야, 교회 다니는
애들 중에 진화론 적은 애들
있어? 함 손들어봐.

울반 개독
제대로
커밍아웃인데?
욜~
한둘이
아님.

손 똑바로들
들어봐. 넷…
다섯…

아니… 그럼 얘들은 교회 다니면서
진화론을…?

…얼레?

수…수영이도??

이것들이, 이것들이…
니네는 니네 종교에 대한
의리도 없냐?
지금 손든 애들
다섯 명은 다
창조론 모둠으로
이동한다.

헐!
홀!
쌤! 이건
불합리한
처사입니다!
말도
안 됨…

아, 시끄러 이것들아.
인원 대강이라도 좀 맞춰야
수업이든 평가든
될 거 아냐?

수영이 너 기독교인이었어?

10억 광년 떨어진 별이 보인다는 것

응 아빠.
오늘 연구실에 좀 늦게까지 있을 거 같아.

못 데리러 가겠는데... 어떡하지?
아... 뭘 어떡해. 버스 타고 가면 되지.

밤길 위험한데... 보디가드 같은 놈 하나 없어?
없어 그런 거.

아빠가 어지간하면 갈 텐데, 미안해.
끊을게 아빠~
들어가면 카톡 남겨.

!

스윽

아...
진짜 궁금하네...

내일 수영이한테
어떻게든 물어볼까...

아냐, 또 쌩까겠지...
아... 걔 나 정말
싫어하는 건가...

어떻게 기독교인이면서
진화론을 믿는 거지?

!

말이 안 되는데...

진짜
교회 다니는 거
맞을까...?

쿵

야!
히익!

수, 수영아...
너 여기서 탔었어?
깜짝
놀랐잖아
수영아...♥
내가 어디서
타든 말든...
깜짝
놀라든
말든...

야, 아무튼
너...
끼익

아...
덜컹

나... 저거 타야 돼.
담에 얘기해.

삐
청소년
입니다.

삐
청소년
입니다.

우와!

너도
이 버스
타는구나!

그래서 뭐?
.....

야, 누가
옆에 앉으래?
자리가
여기밖에...

근데, 여태
같은 버스 타는데
왜 한 번도 못 봤지?

나, 버스
거의 안 타.
야자 끝나면
아빠가 데리러
와서..

그렇구나.
하긴 밤길
위험하니까...
오늘은 그럼 집에
혼자 가는 거야?
응.
보면 몰라?

다행이다! 다행이다! 다행이다!

...?

수영아.
악!

너도... 창조아파트
살았어?

가만...
이 새키 이거...

너 몇 동
사는데?
나 422동.

야 뭐야, 그럼
2차잖아!
한 정거장 더
가야 되는데?

그런 건
상관없어.
절레절레
데려다줄게,
수영아.

아… 같은 아파트
살았다니…
천생염분일 수도…
윽…
헛소리 좀
그만 플리즈…
뭉클
뭉클
염분이 아니고
연분이다…

근데 아까
정류장에서 무슨 말
하려고 하지
않았어?
아…

반장 너가 생각하는
창조론이 정확히
어떤 거야?
젊은지구론?

젊은…지구…?
그게 뭐지…??
…그니까
우주와 지구 나이가
6천 년 정도밖에
안 됐다고 믿는…
지가
강의해놓고
용어도 몰라…

아~ 응응 맞아,
그거야. 왜냐면
사실 지금 있는
지층들이 다
노아 홍수 때…
알아, 알아.
너가 얘기
했었잖아.
그러니까…

준이 넌 기독교인이라면
우주와 지구의 나이가
그렇게 얼마 안 됐다고
생각해야 한단 거지?

당연하지. 그래서 난
좀 궁금했어, 수영아.
어떻게
교회 다니면서
진화론을 믿을 수
있는 건지...

야... 난 진화론을
믿는 게 아니라
더 탐구해보고 싶어서
수행평가 주제로
쓴 거야.
진화론을
왜? 뭐하러?

니가 말한 젊은지구론은
나도 교회에서 몇 번
들어봤었어. 근데... 그걸로는
풀리지 않는 의문이 너무
많으니까...

의문이 왜
안 풀려?
난 다
풀렸는데?
아니...
저 별만 봐도
그렇잖아.
왜 안
풀리지?
때리고
싶다...

우주와 지구가
6천 년밖에 안 됐으면,
10억 광년 떨어진 별은
어떻게 관측되겠어?

...?
뭔 말인지
모르겠다...

절레
절레

너 여기 좀
앉아봐.

봐봐. 저기 저
별들에서 나오는
빛이 우리 눈에
보이려면...

빛이 이동하는
시간이란 게
있잖아...

어억...... 심장이 터질 것 같아...
두근
두근
두근
두근

수업시간에
광년 개념
못 들어봄?
아...
알아, 광년!

빛이 1년 동안
슝~ 이동하는
거리! 맞지?
1광년
슝―
그래, 그거...
1광년 = 약 9조 4600억 km

우주가 워낙 넓으니까
지구와 별 사이의 거리
같은 거 잴 땐
광년 개념을 쓰는 거...
그렇구나...

얼굴 좀
치워줄래?
아
미안.

암튼... 그러니까
10억 광년 떨어진 별이
보인다는 건...
그 별빛이
우리 눈에 오기까지
10억 년이
걸린 거잖아.

다시 말하면
그 별의 10억 년 전
과거의 모습을
보는 거라고.

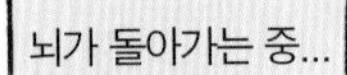

창세기와 과학에 대한 모든 의문이
풀렸다고 생각했던 나는...

정말...
정말... 말 함부로 한다,
너......

이제 보니
과학자들 깐 것도
실수 아니었네.
너랑 대화를
시도하려고 한
내가 미쳤지.
아니...
수영아...

가.

이게... 아닌데......

너, 예수님 믿는 건 맞지?

수영이 너, 예수님 믿는 거 맞아?
네...?

왜 말씀을 문자 그대로 안 믿어? 내가 기도 좀 해줄까?
아니... 왜 화를 내요...?

아잇...
휙
휙

4화

너와 나의 창조론 연대기

다음 날.
어젯밤 이야기
듣는 중...

아 진짜 핵노답이네,
니도.

하...
난 그냥.. 내 생각대로
솔직하게 얘기한
건데...

ㅁㅊ... 그게 아니라
니는 니 생각을 남한테
억지로 강요한 거지.

쭌 니 기준대로
안 믿으면 수영이 신앙은
가짜다... 뭐 이런 거 아냐?
난 종교 없어서
잘은 모르겠지만...

그런 건
아니었거든?
그렇게 충분히
들렸을 거거든?
노답 씨?

아......
글고 김쑤 얼음공준 줄만 알았더니, 그렇지도 않네.

뭐가...?
딱 보니 어제 김쑤는 니랑 얘기 좀 해볼라고 한 거구만.
탁

우리 쭌이는 그걸 아주 그냥 최선을 다해 걷어찬 거고.
박력 있께! 머어시께!
......

이제 보니 과학자들 깐 것도 실수 아니었네.
너랑 대화를 시도하려고 한 내가 미쳤지.

이제 사과해도 안 믿어주겠지...?
응.

아…… 뭔가
돌파구가 없을까?

아, 니 그 수행평가
김쑤랑 같은
모둠 됐던데?

엉?
그게 벌써
나옴?

니, 창조론으로
진짜 가부렀네…
오또케…
짜증나…

불행 중 다행으로…
수영이와 같은 모둠이 되었다.
2 모둠
모둠장: 방세종
성철민. 유준. 조정용.
김수영. 박은유. 이민아.

어... 근데 이거 모둠 조합이...
2모둠
모둠장: 방세종
성철민. 유준. 조정용.
김수영. 박은유. 이민아.
3모둠

성철민...? 조정용...??
빠빠 찍어
빠빠 찍어!
조아!
ㅋㅋㅋ

그리고 모둠장은...
쟤네는 진화론
쓰지 않았었나...?

음...
오예쓰

오! 예쓰!
아이 깜짝아.
저 4차원 빵세...

그리고 장로님 딸 박은유.
돈츄 리멤버 유
톨미유 럽미 베이베~

담임에 의해 모둠이 옮겨진
이민아.
항의라도
해볼까
...?
귀찮...
수행평가
따위...

역시 담임에 의해 모둠이 옮겨진
수영이, 그리고 나.
zzz
zzz

창조론 2모둠은 그렇게 구성되었다.
오후 5:51
창조론 2모둠 7
방세종님이 쭌님, 정용이님, 성철민님, 김수영님, 온유♥님과 이민아님을 초대했습니다
방세종
모둠장 방세종 인사 드립니다.

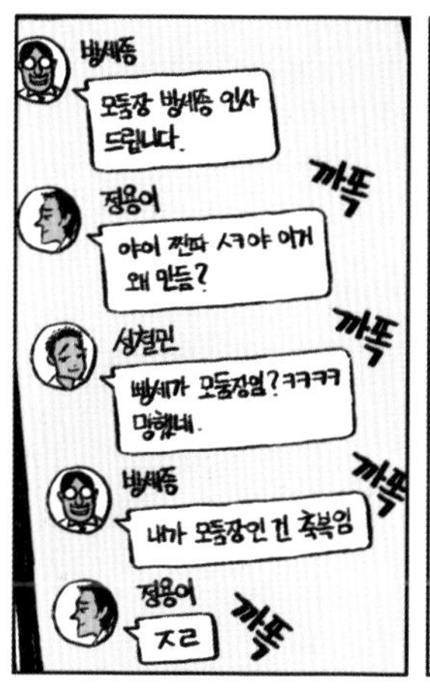
방세종
모둠장 방세종 인사 드립니다.
까똑
정용이
아이 찐따 ㅅㅋ야 이거 왜 만듦?
까똑
성철민
방세가 모둠장임? ㅋㅋㅋㅋ 망했네.
까똑
방세종
내가 모둠장인 건 축복임
정용이
ㅈㄹ
까똑

모둠 분위기는 벌써부터
망조가...

ㅈㄹ
단톡방 잘 만들었구만 왜 그럼.
자료 리서칭들 해와서 토욜에 모일까?
이민아
ㅇㅋ
까똑
온유♥
어디서 모임?
까똑
정용이
피방 ㄱㄱ
까똑
이민아
장난하나
까똑

피방 ㄱㄱ
이민아
장난하나
온유♥
김쑤 아버지 과학자 이시니까...
까똑

어...

김쑤 아버지 과학자 이시니까...
이민아
김쑤집 ㄱㄱ
까똑
성철민
김쑤집 ㄱㄱ
까똑
정용이
김쑤집 ㄱㄱ
까똑
방세종
고우고우..
까똑
정용이
아 찐따 ㅅㅋ 센스도 없네
까똑

뭐야 이것들,
자기들 맘대로…
톡
톡
톡

아 진짜 ㅅㅋ 센스도 없네
야, 수영이 의견은
묻지도 않냐
성철민
호오오올ㅋ 챙기는 거냐
까똑
온유♥
만. 김쑤 괜찮?
까똑

호오오올ㅋ 챙기는 거냐
온유♥
만. 김쑤 괜찮?
김수영
오든가
까똑

그렇게 해서 창조론 2모둠의 모임 장소는
수영이네 집으로 순식간에 정해졌고.

나는 건호의 조언을 따라, 모임
시간보다 살짝 일찍 수영이네 집으로
향했다.
박건호
한 삼사십 분 일찍 가

으이그
이 멍충이…

302

두근

혼자 있을까? 아님...
부모님도 같이 계실까...?
두근
두근
두근

딩
동

후우...
두근
두근
두근
두근

끼이

야... 왜 이렇게
일찍 옴?

모임 시간
한 시간
전인데?
어? 그래?
내가 시계를 잘못
봤나봐.

시계를
잘못 봤다라…

……
아버님, 어머님은
다 어디 가셨어?
아빠 강연.
엄마 일하러.

수영아, 어젠…
정말 미안해.
됐어,
하지 마.

수영아,
진짜 미안해.
내가…
털썩
아, 왜 이래?
미쳤나!

진짜
짜증나.
탁
탁
탁

...수영아...
너 이러려고
일찍 왔지?

야...
솔직히 니가 날
좋아하긴 뭘
좋아하냐.

어?
그게 무슨 말이야...
난 너 정말...

너 나한테
관심 없잖아.

내가 무슨
생각하는지.
내가 어떤 걸로
고민하는지.

그런 거...
관심 없잖아.
그냥 여친
만들고 싶은
거겠지.

그…

잠깐만
기다려.

탁탁탁

덜컥
띠리리-

뭐야…
어딜 간 거야?

10분 경과

20분 경과
……

아 대체 얘,
뭐하러 간 거야?

딩~동

후아...
후우...
벌컥

뭐야,
너...?
부스럭

....?

앞으로...
여기에 써나갈
거야.

...???
쓱 쓱

너와 함께
고민해가는
과정들을.
창조론 연대기
쥰 & 수영

윽...
뭐야
그게...

너한테 다가가는
방식이 좀 바보
같아서 그렇지...
너한테
관심 없고
그런 건
아냐...

신앙에 있어서 이게
좀 예민한 주제라...
나도 그간 말이
좀 막 나왔던 것 같아.
미안해.

앞으로 너한테
내 생각 같은 거
막 강요하고
그러지
않을게.

널 더 알아가고 싶고,
듣고 싶어.

나 너 정말...
정말 많이
좋아해.

너와 함께
고민해가고 싶어,
수영아.

나 예수님 믿어.

으응…

한 번만 더 남의 신앙 그렇게 모욕하면 평생 쌩 당할 줄 알아.

정말 미안해, 수영아. 다신 그딴 소리 하지 않을게.

같이
고민하겠다고
해줘서...
고마워.

다행이다...
정말
다행이다!!
나도...
고마워...

들려줘
수영아.
네가 했던
고민들.

딩-동

아...
딱 좋았는데...

5화

창조과학을 주장하기 위해 조작된 증거들

안뇽
김~쑤?
호오오... 여기가
과학자의 집?
아, 빨리 들어가
이것들아!

오옹?? 먼저
와 있었네, 반쟈앙?
어어
왔냐...?

모오오오야아아??
둘이 모오오~한 거야?
아 시끄러.
나도 방금 왔어.

둘이 사귀기로
한 거? 어? 어?
뭘 사귀어...

얘, 얘들아
저길 봐!

치...칙힌!!!
칙힌!!!
치느님!!!
모둠장의 축복
모둠 잉여력 30% 증가

빵세가 이런 건
센스가 쫌
있네.
근데 정용, 철민,
니네 진화론
쓰지 않았어?
잘
먹을게~

니, 니 강의할 때
우리가 열라게
반응해준 거
잊었음?
공룡 발자국
사람 발자국,
그거 나 완전
꽂혔어!

근데 니는 우리가
뭘 썼는지
관심도 없었다
이거네?

나도 실은 그때
반장 강의
진짜 멋있었는데...
박온유(17)

그...래?
하하하...
좋단다...

그럼 다들 뭐
조사들은 좀
해오신 거임?
뭘 조사냐,
반장한테 다
있을 텐데.

탁
내가 좀
찾아봤는데.

반장 얘기
거의 다 틀린 거던데?
이민아(17)

어엉???

틀렸다니...
어떻게?

일단 그 뭐야,
아라랏 산에 있다는
노아 방주
흔적은...
그거 발견했다는
탐사대의 랜달 프라이스
라는 박사가 직접
조작이라고 밝혔더라고.

박사 자기도 몰랐는데,
탐사대가 쿠르드 족 고용해서
오래된 건물 뜯어서 미리
묻어놓고 탐사한 거라고...
RANDALL PRICE

야이 자식아,
구라 쳤냐?
나, 나도
저런 건
전혀 몰랐어...

야, 저게 사기면 우리 망한 거 아님?
와아~ 우리 망했다~ 흐하하하!!

아, 호들갑들 좀 떨지마.
그래, 이것들아.

내 말은, 일단 탈탈 털릴 거 뻔한 얘기들은 미리 좀 제외시켜놓자는 거야. ㅇㅋ?

솔까 창조과학에서 하는 얘기들로 토론 나가면 우리 백퍼 짐.
어어, 그건 너무 나가심... 편파적인 발언 자제 점여...

야, 이민아.
니가 창조과학 다 찾아봤어?

아직 내 얘기 안 끝났거든, 온유야?

그거... 공룡 발자국, 사람 발자국 같이 찍혔다는 그 화석 말이야...

그거 사람이 깎아 만든 거더라고?

......?
까...깎아?

그걸 최초로 주장했던 조지 아담스라는 사람 가족이 인정했던데 뭐. 깎아 만든 거라고.[1]

대공황 때였죠. 발자국 화석들을 떼다 판 게 돈이 좀 됐었는데...
화석이 고갈되서... 할아버지는 직접 조각을 해서 팔기 시작하셨습니다.
Zana Douglas

그중엔 사람 발자국을 같이 깎아넣은 것도 있었고요.
훌륭한 조각이었죠…

그거 말고도 요렇게 쫌 흐릿흐릿하게 찍힌 걸 사람 발자국이라고 주장하기도 하던데…

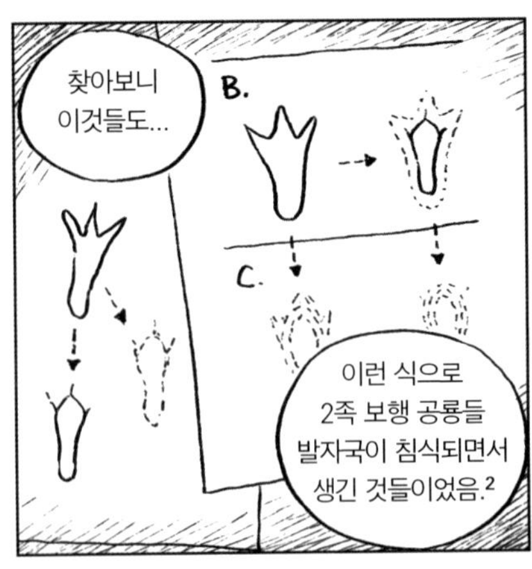
찾아보니 이것들도…
B.
C.
이런 식으로 2족 보행 공룡들 발자국이 침식되면서 생긴 것들이었음.[2]

하하하하 하하하하 하하하하
야이 반장 시키야, 니만 믿고 창조론 왔는데 이게 뭐야아!!!
실성…

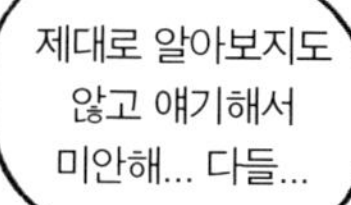
제대로 알아보지도 않고 얘기해서 미안해... 다들...

근데 민아야, 내가 창조과학 강의에서 젤 중요하게 들었던 건...
노아 때의 전 지구적 홍수로 지금의 지층과 화석들이 다 생겨났단 거야.
맞아, 나도 그게 반장 강의 때 제일 좋았어.

단 한 번의 엄청난 격변으로 그렇게 된 거라면... 지구가 수십억 년 됐다고 볼 이유가 없지 않을까?

아... 반장... 솔직히 그걸 주장하려면 해결할 문제가 한두 개가 아님.
니네 판구조론 기억남?

우린
판게아임…

쪄어어어-억

이거 아님?

아ㅋㅋㅋㅋ
ㅋㅋㅋ
그래…
그거…

아, 암튼,
중생대 삼첩기 이전에 있던
그 엄청 큰 판게아 대륙이
오랜 세월 이동해서
지금 모양이 된 거임.

근데 창조과학에선
이 대륙 이동이 대홍수 때
시작됐다고 하던데…[3]

그니까 수천 년 만에
대륙이 그렇게
이동했단 얘긴데,
그렇게 초스피드로
이동 가능하다는
과학적 증거가
전혀 없음.[4]
촤 촤

야, 초스피드로
이동시키셨을 수도 있지!
하나님이 그것도
못하실 거 같아?

……
뭐라
할 말이
없네…
TOON

뭐… 그리고
또 하나는 미국의
요세미티 국립공원 같은 곳.
TOON

이게 다 마그마가
식으면서 만들어진
거대한 화강암인데…
대홍수 격변설을 주장하는
사람들은 이런 것도
대홍수 후에 만들어진
거라 하더라고?

근데… 마그마가
땅속에서 냉각되고,
요렇게 융기까지 하려면
적어도 백만 년 단위의
시간이 필요함.[5]

금방 식고 올라오게
하셨을 수도 있지!
하나님이 그것도
못하실 거 같아?
아악!!
2
COMBO!

필살긴데
저거?
괜찮은데?

후... 그리고 결정적으로...
2013년 플랑크 위성이 수행한
우주배경복사 관측에 따르면
우주 나이는 138억 년임.6
너덜
너덜
Planck
Satellite

또 방사성 동위원소 연대측정법,
태양의 나이, 남극 빙하 형성 기간
등등등등!
혼란하다
혼란해!
TOON

젊은지구론을 주장하기 위해
쌩까야 할 과학 연구 결과들이
느무 많다고옥!!
촤락
TOON

철민아..
아무래도 우리가
줄을 잘못
선 거 같다...

진짜 민아 니
이딴 얘기할 거면
창조론 모둠 왜 왔냐
대체?
워워...

아참.
진화론 적었다가
담임이 옮겨서
왔지? 뭐...
엑스맨이라도
하려고?

와하하하
하하하!
기껏 맘잡고
왔더니, 엑.스.맨?
TOON

그럼 온유 니는
토론 나가서
논리 막힐 때마다
하나님이 그것도
못하실까~ 이러려고
했음?

왜? 그럼
니는 하나님이
전지전능하신 거
못 믿겠나 보지?

싸우지들
마셈...
오아......
암...
암 걸리겠다....
교회 다니는 건
맞냐?

그날 모임은 그렇게...

피방 가자
피방
오버워치
콜?
내감 마!
찬양팀도 하고!
주보도 만들고!
마 다했어!

치킨으로 시작해서 난장판으로 끝났고...
김쑤,
우리 간다~
그래,
가...

나는... 모든 걸 부정당한 느낌이었다.

수영아, 나 좀 봐줘...

아, 좀
도와주면
안 되나?

아... 역시 수영이는...
준아...

이렇게... 알고 보면 마음까지 예쁜...
괜찮아?
민아 얘기 땜에
좀 힘들구나...

...라고 할 줄
알았냐?
헉!

집에 가 너도.
치우는 거
도와줄 거 아니면.
수영아,
뭐부터 하면
돼?
어이쿠...

쏴아아

솔직히
지금 너무
혼란스러워...

모든 걸
부정당한
느낌?

찌...찌찌뽕...
두근

알아, 나도.
진작
겪어봤으니까...

궁금해, 정말...
니가 해왔다는
그 고민들...

흠... 그럼
같이 보면 좋을
책이 하나
있는데...

도서관
갈래?

도,도,도,도,도서관 데이트!
그,
그럴까?
응! 응!
응!
당연하지!

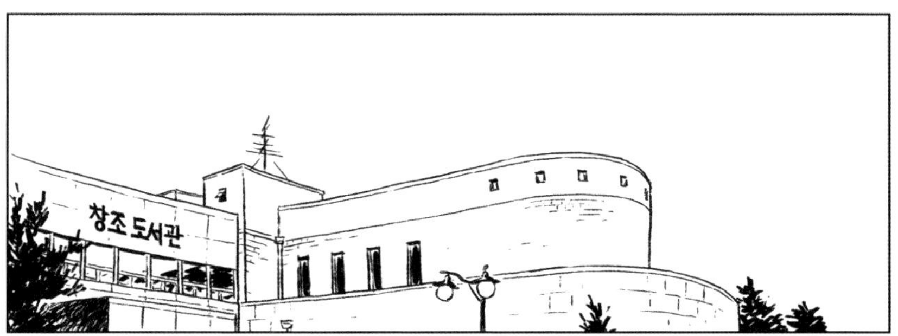
창조 도서관

으아... 사람이
꽉 찼네...?
자리
못 잡을 뻔
했어...

난 책
찾아서
올게.
왜,
같이 찾...

그러다
자리 금방
뺏기거든?
니는
사수하라!
아
오키도키!

주

1. 위키백과 Dinosaur Valley State Park 항목; Kennedy, *Bud* (August 10, 2008), "Human footprints beside dinosaur tracks? Let's talk," Fort Worth StarTelegtam, B02.

2. http://paleo.cc/paluxy/, 1996-2016, Glen J. Kuban.

3. 미국창조과학연구소, 『창조과학백과』(생명의말씀사 역간), 43.

4. 양승훈, 『다중격변 창조론』(SFC), 46-47.

5. 양승훈, 같은 책, 48.

6. 우종학, 『무신론 기자, 크리스천 과학자에게 따지다』(IVP), 242.

6화

진화론 등장 직후의 창조론자들

흐흣. 이건 아까 수영이가
챙겨 들고 나왔다.

내가 아니라 수영이가
챙겼다. 수영이가. 수영이가.

근데
나랑 수영이는...
무슨 사이일까?

같이
고민하겠다고
해줘서...
고마워.

그냥... 같이 고민하는 사이...?

에효... 수영이도 날 좋아해줬으면 좋겠다...

아...
택도 없...

...꺼내
드려요?
아...네...
죄송...

뭔데요?
저기 저...
하늘색
두꺼운...

이거요?
네네!

감사합니다!
어 잠깐...

...?
김수영?

아,
수영이
맞구나!
박사무엘(20)

야!
더 예뻐졌네!

야,
수영아!
탁탁탁

ECCUL
……

찾았구나! 와, 엄청 두껍네!
나가자.

어…? 나가자니? 왜?
몰라, 그냥 여기 좀 갑갑해.

갑자기 왜 저러지…?

오늘은 대출 안 돼요.
왜요?
시스템 다운돼서 반납만 됩니다.

회원 아이디 적어 드릴게요.
안 돼요, 안 돼요.

아, 뭘
무조건
안 된대...

...수영아
많이 답답해?
걍 좀...

음...
어, 저쪽
자린 어때?

산도 보이고
괜찮지 않음?

?
경계
경계

후우...

뭐... 시원한 거라도 좀 사올까, 내가?
아냐, 그냥 있어.

...좀 괜찮아?
응.

근데, 와…
너 이런 책을 다
읽은 거야?
다 읽은 건
아니구…

중학생 때 좀
힘들었었어.

창조과학식으로
창세기를
믿었었는데…
그게 다
무너져서…
그럼 이제
창세기를 어떻게
봐야 하나…
아담과 하와는
그럼 뭐지…
혼란스럽
더라구.

어 맞아.
나도 지금
그래…

그때 아빠가
이런저런 책들
읽어주면서
차근차근 설명
해주셨어.
안 그랬음,
나 믿음
잃었을지도…

암튼 이 책도
그중
하나야.
THE CREATIONISTS
창조론자들
아빠가
읽어줄 땐
원서였는데
얼마 전에
한국어로 나왔음.

무슨
내용이야...?

거의 뭐
역사책이야.
창조과학이란 게
어떻게 탄생하고
발전해왔는지 다
적어놓은...

근데 앞부분부터 좀
놀란 게... 창조론자라고 해서
꼭 우리가 아는 창조과학
그대로 믿진 않았더라고.

19세기에 진화론이
등장하면서, 진화론을
비판하는 창조론자들이
많이 나왔는데...

그 사람들 거의 다,
진화론에
반대하면서도
6일 창조를
문자 그대로
믿진 않았어.[1]

대홍수로 화석 기록이 생겼다고 믿는 사람은 더 찾기 힘들었고.[2]

아니 그럼... 그분들은 어떻게 이해했던 거야...?

직접 한번 읽어봐.

두께의 박력
......

어, 어디부터 읽어야 할지...

그 부분이 아마...

쿵쾅 쿵쾅 쿵쾅 쿵쾅
쿵쾅 쿵쾅 쿵쾅
쿵쾅 쿵쾅 쿵쾅

심..심장
폭발하는 줄...
여기부터
봐봐.

흠...

루이
아가시...
펄럭

아놀드 기요...
윌리엄 도슨...
펄럭 펄럭
에녹 피치 버...
조지 암스트롱...
허버트
모리스...

……

이분들 다…
창조의 6일을
아주 긴 기간으로
봤구나…[3]

정말, 19세기의
창조론자들 중에
창조과학 얘기대로
주장한 사람은
없다 수준이네?
그분들
대부분…

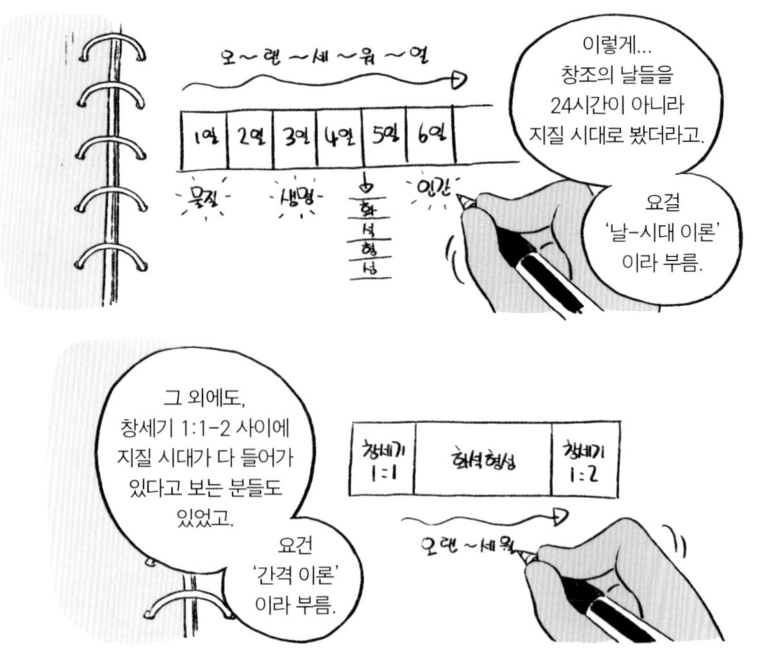
1일 2일 3일 4일 5일 6일
물질
생명
화석형성
인간
이렇게…
창조의 날들을
24시간이 아니라
지질 시대로 봤더라고.
요걸
'날-시대 이론'
이라 부름.
그 외에도,
창세기 1:1-2 사이에
지질 시대가 다 들어가
있다고 보는 분들도
있었고.
요건
'간격 이론'
이라 부름.
창세기 1:1
화석형성
창세기 1:2
오랜~세월

아... 이런 게
있구나.
날-시대 이론...
간격 이론...

진짜 설명
잘한다, 너.
뭘...

설명도 잘하고,
똑똑하고,
예쁘고.
사.기.캐.릭♥
툭
윽!
꺼져!

힝... 꺼지라니...
그런 거
하지 마...
웅...

근데
이런 이론들...
뭐랄까,
좀 억지스러워.
성경을 과학에
짜맞추는 느낌?

사실
우리 믿음의 선조들은
대부분 아무 의심없이
6일 창조를 그대로
믿었잖아.
지구가 그리
오래됐다고
생각하지도
않았고.

우리 믿음의 선조들은
지구가 평평하다고도
믿었지, 아마?
그럼 그것도
그대로
믿을 거야?

아……

성경을 문자 그대로 보자면,
땅의 기둥들 위에 세상이 있고…
그 주위를 태양이 돌고 있어야
하지 않아?4
궁창 위의 물
땅
땅
바다
스올
땅의
기둥들
궁창 아래의 물

근데 우리가 지금
그렇게 믿지
않는다고 해서,
그걸 과학에 성경을
짜맞췄다고 보진
않잖아?
…뭐
그렇지…

나도 계속
혼란스럽기만
하다가…
이 지점에서
고민이
시작되었던 거
같아.

내가 혼란스러운 게
과학 때문이
아니라...
내가 성경을
잘못 이해하고
있기 때문일 수도
있지 않을까...
싶었어.

그럼 성경을...
창세기 1장을 어떻게
이해해야 하는 거야?

그니까 그걸
앞으로 좀
고민해가고
싶어.

아...
나랑?

......
그래,
너랑.

히힛.
너 말고
뭐 누가 있냐...

아 근데 잠시만,
그럼 창조과학에서
말하는 얘기들은 대체
언제부터 나온 거야?

음… 20세기 초에 '조지 맥크리디 프라이스'라는 사람이 '홍수지질학'이란 걸 들고 나오면서부터일 거야.

그 사람 책에 나오는 내용이 지금의 창조과학, 그러니까 젊은지구론의 기반이 됐거든.
George McCready Price
(1870 - 1963)

오 그렇구나. 대단한 사람이네?
근데 문제는 이 사람이 제7일 안식일교회의 열성적인 신자였단 점.5

제7일… 음…
뭐지 그게…?

그니까, 여기서부터 좀 복잡해짐…

일단, 이분의 이론이 그 안식일교회의 성경 해석을 베이스로 깔고 있다고 하더라고.

…거기서 성경을 뭐 어떻게 해석하길래?

음…
어디서부터
설명을…

내 생각에 이 부분부턴
성경 잘 아는 분들의
도움을 좀 받는 게
좋을 거 같은데.
성경 잘
아는 분…?

아!
우리 사촌 누나,
신학생이야.
그래?
잘됐다.
지금 영국에
있긴 한데…
영국에?
…일단 연락은
한번 해볼게.
그럼
어떻게
도움을…
수영아.

잠깐 얘기 좀
하자.

수영아.
잠깐 얘기 좀
하자고.
ECCUL

저...
누구신데요?
나가자,
준아.

아 좀
너무한 거
아니냐?

뭐가요?

날 이렇게까지
대할 필욘
없잖아?

그럼 어떻게
대해 드릴까요?

그렇게
노려보지 말라고!

저기요.
좀 시끄럽
거든요?

죄송합니다
...
가자,
빨리.

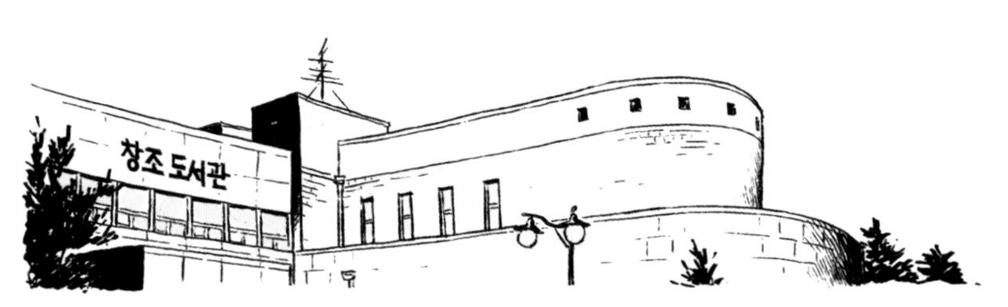
창조 도서관

누구야,
저 사람?
온유
친오빠.

아...!
하나도
안 닮았네?
그치...?

근데 저분이랑...
무슨 사이였어?
왜 저렇게 널
함부로 대해?

...네가 알 필요
없어.

빠앙-
빵
빵

그럼...

우리 둘은...
무슨 사이야?

빠앙
빵-

주

1. Ronald L. Numbers, 『창조론자들』(새물결플러스 역간), 69-70.

2. Ronald L. Numbers, 같은 글.

3. Ronald L. Numbers, 같은 책, 48-70.

4. 삼상 2:8; 대상 16:30; 시 104:5; 전 1:5; John C. Lennox, 『최초의 7일』(새물결플러스 역간), 18-19.

5. Ronald L. Numbers, 같은 책, 186-192.

7화

문자 그대로 읽는다는 것

빵
빵

...꼭 무슨 사이여야 돼?

아...

나 먼저 들어갈게.

영국에 있다는 그 사촌 누나한테 연락 꼭 해봐!
아... 응! 해볼게!

하아...

너무 성급했나...

털썩

까똑
까똑

고미니
야
뭐해

오늘 그 자식 봄
준이랑 같이 있다가
톡
톡
톡

헐
근데 준이랑은
데이트한 거?
톡
톡

어니 공부했어 같이
니한텐 공부 준이한텐
데이트 각
야
암튼 니 입장정리
빨랑 해야겠네
?? 정리한 지가 언젠데
아니 그 자식 말고
준이
???
걔한테 뭘? 입장정리
할게 뭐 있음?
고미니
진짜 그 정도임?
아예 맘 없음?
아 진짜
고민희 얘까지
왜 이래...
푹

딩동댕동-

칠판 지우개 좀
봐라, 이거.
주번!
아... 이따 바로
털겠습니다.

아
그리고...
다음주 월요일까지
창조론, 진화론
토론수업 보고서
중간점검 할 거니까
제출들 해.

어, 점수
들어가요?
들어간다.
아 앙대요!!
넘
빠른데요...
어우
시끄러.

온유♥
야 우리 이대로 포기?
이민아
ㄴㄴ
방세종
점심시간 매점에서 회의 좀

다 모인 거? 조정용, 성철민은 어디 갔어?
축구한다고 안 온다 했음.
야 버려 버려.

지난 모임 때 민아만 자료 준비해왔는데… 다른 애들도 좀 적극 참여 해줘야 할 거 같음.

민아가 뭐 도움 될 얘기를 하기나 했나?
아, 온유 또 저러네!
또 싸운다…

민아 얘기에 대한 반론을 가져오든가, 대안을 가져오든가 하면 될 듯.
ㅇㅇ 나 셀프 대안 준비 중.

반장은 뭐 없어?
아… 난 좀 공부 중이야.

뭐 암튼, 이번 주 토욜까지
각자들 정리 좀
해오자공.
오키
ㅇㅋ
ㅇㅇ
그럼 이번 주는
어디서 모임?

아! 우리 집
와도 돼!

오, 진짜?
야…
툭

근데, 그래도
갔던 데 가는 게
다들 편하지 않음?

그 정도는 알아 나도.
너가 불편한 사람이
온유네 집에 있단 거.

그렇다고
김쑤 집만 계속 가면
좀 미안한데?
괜찮아 쑤?

응, 상관없어.
토욜은 거의
집이 비어서…

그랭, 그럼
수영이네 또
가지 뭐~
오키도키

아,
사촌 누나랑
연락이 됐는데...
정말?
근데 점심 때만
영상통화 가능하대.
그니까 한국 시간으론
저녁 늦게...
잘됐네!
아니, 근데...
야자 시간이라
어떡할지...
째, 그럼.

어...?
방금
뭐라고...

야자
째자고.

과...
과감해...!
나와 수영이는 그렇게...

ODIYA COFFEE
고등학교 입학 후 처음으로
야자를 쨌다.

와이파이
되는 건가?
○○
뚜루루룩-
뚜루루룩-

후웅

쭈우~니!
이 짜쓱!!
유세나(25)

오!
세나 누나!
옆에 누고?
여친이가?

아 여친은
아니고…
안녕하세요. 준이
같은 반 친구
김수영이라고 합니다.

그래,
반갑다이~
암튼 궁금한 거,
빨랑들 물어봐라.
내 시간이 밸로
없그든?

아 누나,
창조과학이랑…
뭐지 그… 안식일교회?
거기 성경 해석이랑
관련 있다고 그러던데.
맞아?

……

뭐꼬 느그.
고딩들이 빡세네ㅋㅋㅋ
야, 그거 어떻게
알았어?

그게, 로널드 넘버스라는 사람이 쓴 『창조론자들』에 나오더라고.

내 미친다ㅋㅋ 넘버스 그 두꺼운 책을ㅋㅋㅋ

느그가 그런 책을 와 보노?

저희 이번 과학 수행평가가 창조론, 진화론 토론 수업 이거든요.

근데... 창조론을 얘기하기 전에, 창세기 1장을 어떻게 봐야 할지부터 고민이라서요.

흠...
그니까 까놓고 말해서 창조과학의 창세기 해석이 맞는 건지 의문이 들었다, 이거네?

뭐 잘됐다. 내도 요새 논문 쓰는 게 창세기 족보 해석이라서 이래저래 찾아본 게 있어가꼬.
후룩
와...!

함 가보자, 그라믄!
단디 들으바라잉!

단디?
자-알
들으라는…
……

자, 문자 그대로의
6일 창조.
그리고 노아 홍수로
화석이 모두 생겼다는
홍수지질학.
6일
홍수

요 두 가지가
안식일교회에서
중요하게 믿어지던
거였거덩!
6일 창조
홍수지질학
여기서부터
출발해보자잉.[1]

잠깐, 홍수지질학이
이미 안식일교회에서
믿어지던 거였다고?
그럼 조지 맥크…
조지
맥크리디
프라이스.

어 맞다,
프라이스 그 사람이
홍수지질학을 만든 거
아닌가?

프라이스는 홍수지질학을
만들었다기보다는,
지 나름대로 정리하고
발전시킨 거지.

그 사람은 안식일교회
교리를 수호할라고
사명감으로 책들을
써나간 사람이야.2
따랑해요
안식일교회…♥

헐!
그럼 안식일교회는
어쩌다가 젊은지구론의
내용을 믿게 된
거예요?

안식일교회의
창세기 해석이란 게
엘렌 화이트라는
사람이 환상으로 받은
메시지대로
정해졌그등.

그 메시지 안에
6일 창조,
홍수지질학이
다 들어 있었어.3
홍수지질학
6일 창조
Ellen G. White
(1827-1915)

아니...
뭐 그런 식으로
해석을 정해...?

쭘 그렇긴 한데,
암튼 이 사람이
안식일교회에서
제일 큰 권위를
갖고 있으니까네...

근데, 엘렌 화이트가
그런 메시지를
하게 된 배경이
있을 거 같은데요...

히야~ 예리하네!
준아 우째 이리
똑똑한 친구를
뒀어?

유유상종
이라지?
턱

탁
우린
아닌 듯?

음...
그 배경이라
할 만한 게
'어셔의 연대기'
일 듯한데.
어셔
...?

제임스 어셔라고,
17세기의 주교다.

천지창조부터
그리스도의 탄생까지
연대를 쫙 정리한 걸로
유명하지.[4]
James Ussher
(1581-1656)
BC4004 - 천지창조
2349 - 노아홍수
1921 - 아브라함의 소명
1491 - 출애굽
1012 - 예루살렘 성전건축
588 - 예루살렘 멸망
4 - 그리스도 탄생

기원전 4004년
천지창조?
그럼 젊은지구론에서
우주가 6천 년 됐다는 게
여기서 온 거예요?
그러치.

이 사람 시대엔
과학자들도 이런
젊은지구 연대를 믿었고,
지질학도 딱 홍수지질학
정도였어.[5]

근데 18세기가 되믄서
유럽에 광산 회사들이
생기기 시작했어.
그니까 막
땅을 막 그냥 어?
뚫어댔겠지?

지층 연구가 마 장난아이게 이뤄지면서, 지질학적 지식이 쏟아진 거야.6

결국 19세기 와서 지질학자들은 지구가 최소 수백만 년 이상 됐다고 생각하기 시작했던 거지.
젊은지구론은 그때 바이바이되고.7

그렇게 사라졌다가 어떻게 다시...??

왜냐믄 '어셔의 연대기'는 여전히 써먹히고 있었그든.

1701년판 킹제임스 성경, 1917년판 스코필드 관주성경의 난외주에 들어갔으니까.8
어셔의 연대기
HOLY BIBLE 1701 KING JAMES VERSION
The SCOFIELD REFERENCE BIBLE

천지창조는 기원전 사천사 년임! ...이라고 떡하니 쓰인 채로.9
B.C. 4004.
CHAPTER 1.
The original creation
IN the beginning God created the heaven and the earth.
Earth made waste and empty by judgement (Jer. 4. 23-26).
2 And the earth was without
a John 1. 1.
b Deity (name of) Gen. 2. 4, 7. (Gen. 1. 1; Mal. 3. 18.)

그리고 지질학이나 진화론 땜에 뭔가 성경의 권위가 무너질 것 같은 두려움? 지켜내야 한다는 전투 의식? 그런 것도 작용을 했겠지!

아마 이런 배경 속에서 안식일교회는 '문자 그대로'의 성경 해석을 사수하는 대표적인 곳이 된 거 같아.
6일 창조
홍수지질학
BC4004
어셔의 연대기
BC1491
BC1012

그리고 이런 성경 해석 방식이 젊은지구론자들에게 거의 그대로 이식된 거고.

......
근데 그런 해석이 좋은 거 아닌가...?

창조의 6일을 문자 그대로 해석하는 건 우리 믿음의 선배들도 그렇게 하지 않았어?

믿음의 선배? 누구 말하노?
적어도 내가 존경하는 사람 중엔 없는 거 같은데...

하지, 워필드, 바빙크 같은
개혁주의 신학을 정립해온
대가들은 창조의 6일을
문자적으로 보지
않았고...10
Charles Hodge
Benjamin B. Warfield
Herman Bavinck

과학 발전
이전 사람인
아우구스티누스도
6일을 24시간으로
안 봤고...
6일 창조를 믿은
칼뱅도 성경을
과학책으로 보는
태도엔 반대하고,
당대 천문학을 존중
했그등.11
Augustinus
Jean Calvin

칼뱅 빼고
다 모름.

그래도, 그렇다고
문자적 해석이
나쁜 건 아니잖아?

나쁜 건 아이지.
문제는 진짜로
'문자 그대로' 읽고
있냐는 거지.

뭔 소리야...?

함 잘 생각해봐.
모세가 우리한테
한글로 성경
써줏나?

아니지…
그라믄?
히브리어?
고러~치.

진짜 문자 고대로 읽을라믄 히브리어로 읽어주야지.
태초에
בראשית
근데 히브리어도 걍 읽는 게 아니라…

당시 고대 근동의 문화적, 역사적 맥락!
בראשית
Mesopotamia
Arabia
명사. 보통명사. 남성형. 복수
본문의 문법 구조를 파악하고 읽어야 되는 기라.

이 누나가 만날 앉아서 하고 있는 기 바로 이거 아이가.
어찌나 빡신지…

암튼 그래야 창세기 기자가 말할라꼬 한 '문자적 의미'에 최대한 가까워질 수 있는 기라고.

참나, 평범한 사람은 성경을 읽지도 못하겠네.

아 누가 니보고 해석하라 카드나? 가르치는 사람들 말하는 거지.
오버는.. 짜쓱이...

그리고 아까 문자적 해석이 나쁜 건 아이라캤는데...

가만 생각해보이 좀 나쁜 결과로 이어지기도 하네.

나쁜 결과...? 뭐 어떤....?

음, 근데 방금 말했던 문법적, 역사적 맥락을 고려한,
성경 기자가 전달하려고 의도한 걸 보려는 문자적 해석과는 구분할 필요가 있으니까...

지금 얘기하는 거는
'문자 겉보기 해석'이라고
구분해서 표현하자잉?12
겉보기 해석

겉보기
해석…

그 겉보기 해석이 많이
이뤄지는 입장 중에
'세대주의 전천년설'
이라고 있는데…
I C H P L G K

아…
들어본 거
같아요.

들어봤나?
네, 근데 좀
복잡했던 거
같은데…
……
그자이?
내가 봐도
복잡한데…

뭐라는 거야.
세대주?
집주인?
뭐라고 뭐라고
지들끼리
쫑알대…

아 세대주가
뭐 어쨌다고??

ㅋㅋㅋㅋㅋ 야ㅋㅋ
세대주가 아니고
세.대.주.의.

...뭔데 그게?

한마디로 설명하긴
힘들다, 이거는.
세대주의 안에서도
쪼금씩은 다른 입장들이
있어가... 암튼 중요한
것만 얘기해보믄...

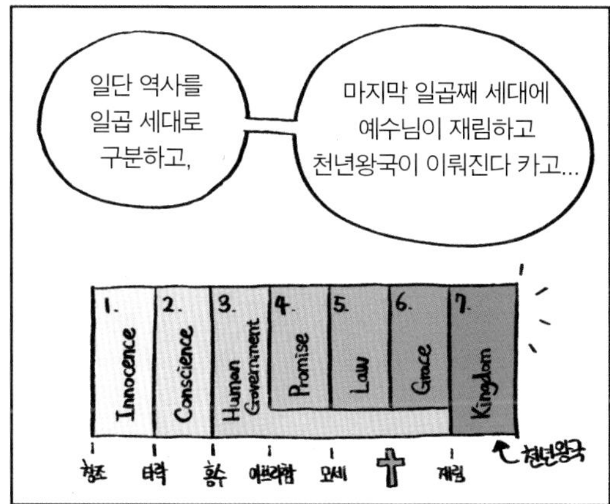
일단 역사를
일곱 세대로
구분하고,
마지막 일곱째 세대에
예수님이 재림하고
천년왕국이 이뤄진다 카고...
1. Innocence
2. Conscience
3. Human Government
4. Promise
5. Law
6. Grace
7. Kingdom
창조
타락
홍수
아브라함
모세
재림
천년왕국

그리고 이스라엘과 교회를
완전히 구분된 개념으로 봐서,
유대인들의 구원은
별도로 이뤄진다카고.
교회
이스라엘

으악
복잡해!
별도로요
...?

세대주의에서는
예수님 재림이
두 번 있다고 믿어지그등?

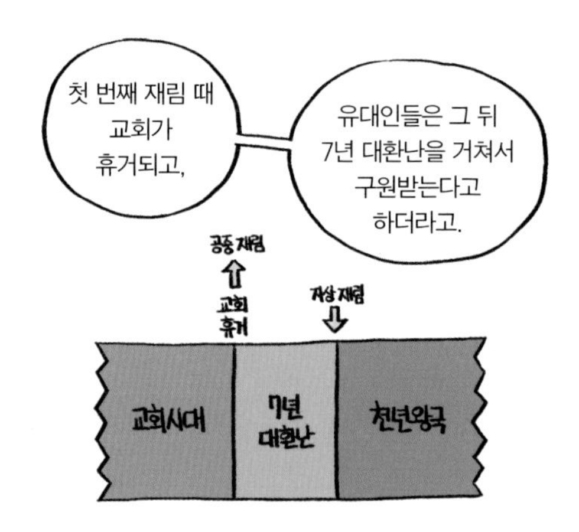
첫 번째 재림 때
교회가
휴거되고,
유대인들은 그 뒤
7년 대환난을 거쳐서
구원받는다고
하더라고.
공중 재림
교회 휴거
지상 재림
교회시대
7년 대환난
천년왕국

휴거, 대환난
그런 건
들어본 거 같다.
아...그런...
그자이?
한 번씩은
들어봤을끼야.

그럼
세대주의 전천년설이
그 나쁜 결과인 건가요?

더 정확히 말하믄,
나쁜 결과로 이어지는
다리 역할을 했지.

어떤...?

세대주의는
성경 예언에 나오는
숫자나 문자들을
보이는 그대로 해석하는
경우가 많아가꼬...[13]

좀 극단적인 사람들은
그런 성경 예언으로 미래에
일어날 일이나 시기를 도출하기도
했그든.
예수님 공중재림!!

우와… 예수님 재림이
언제인지도?
그건 솔직히 좀 알고 싶다.
뭐래
얘가?

나쁜 결과가
바로 그런 걸
말한 기다, 짜쓱아!
헉…

성경이 마 그냥
과거의 우주 창조와
미래에 일어날 모든 일까지
싸그리 다 알려주는
과학-예언 종합서적이믄 좋긋제?

…솔까 그러면
좋겠는데…

절레
절레

15 또 어려서부터 성경을 알았나니 성경은 능히 너로 하여금 그리스도 예수 안에 있는 믿음으로 말미암아 구원에 이르는 지혜가 있게 하느니라

16 모든 성경은 하나님의 감동으로 된 것으로 교훈과 책망과 바르게 함과 의로 교육하기에 유익하니

17 이는 하나님의 사람으로 온전하게 하며 모든 선한 일을 행할 능력을 갖추게 하려 함이라

아...

그기 성경이 쓰인 목적 아이가. 우릴 구원에 이르게 하고, 또 구원받은 자로서 온전히 살아가게 하기 위해서라는 거.

주

1. Ronald L. Numbers, 『창조론자들』(새물결플러스 역간), 194-196.

2. Ronald L. Numbers, 같은 책, 196-200.

3. Ronald L. Numbers, 같은 책, 194-196.

4. 윤철민, 『개혁신학 vs. 창조과학』(CLC), 18-21.

5. 윤철민, 같은 글.

6. 윤철민, 같은 글.

7. 윤철민, 같은 글.

8. 윤철민, 같은 글.

9. 그러나 스코필드의 주석은 '간격 이론'의 여지를 허용하고 있다.

10. J. V. Fesko, 『태초의 첫째 아담에서 종말의 둘째 아담까지』(부흥과개혁사 역간), 17-21; Herman Bavink, 『개혁교의학 2권』, 34장 참조, 36장 물질적 세계, 37장 인간의 기원 참조; 강문구, hwpbooks.com/?p=4344

11. Francis S. Collins, 『신의 언어』(김영사 역간), 155-157; Calvin, *Genesis* 1:6, 16.

12. 윤철민, 같은 책, 32-38.

13. 윤철민, 같은 책, 29.

8화

우리의 항해

아... 근데 난
이제 가봐야긋다.
시간 다 돼뿟네.
아
벌써?
가셔야
되는군요.

얘기가 길었는데,
암튼 느그가 창조론 고민을
창세기 1장에서부터
시작했단 건 좋은 출발이고...

근데 과도한
문자 겉보기 해석은
경계해야 한다는 거,
고거 하나만 기억하그라.

자 끊는다,
빠잉!
응 누나,
또 봐!
얘기 감사해요
언니!

뚜뚜뚜ー

진짜
대단하시다,
세나 언니.

...어땠어?

......
솔직히 좀...
불편하고,
어려워.

요즘은 계속
뭔가...
내가 갖고 있던
창조론에 대한 생각이
다 부서지고 해체돼가는
느낌이야.

그래도 뭐...
기왕 이렇게
된 거.
창세기 1장에
대해서부터 걍
백지상태로 다시
시작해보지 뭐.

그렇게
끝까지
한번!
같이…
가보자.
그래 뭐…
그런 생각이면
다행이네.
그리고…
기왕
함께하는 거…
우리 그냥…

그냥…
뭔가
불길한데…

질러! 뭘 멈칫하고
있어, 확 질러!
사귀자고!!

작작해라, 자식아!
만날 때마다
들이댈라고?

들이대야지 그럼!
좋아한다고 말한 지가
언제여? 이도 저도 아니게
가다가…

그 온유 오빠라는
사람한테 뺏기면
우짤라고?

야! 수영이가
무슨 물건이야?

그니까
우리...
우리 뭐?

제발 쫌만, 쫌만
수영일 배려해봐.
응?

그니까... 같이
놀기도 하자고.
만날 때마다 창조론
탐구만 하면
재미없잖아.

아......

역시
창조론 탐구가
재미없구나.
에효......

아, 아니
그, 그 말이
아니고 수영아!

이것도 시작하고
나 혼자만
쓰고 있고...

오, 오늘 건
내가 쓰려고
했거든??
그짓말
하고 있네.

내가 안 꺼냈으면
생각도 안 했을
거면서.

아, 아니라고오!!!

됐어,
걍 나 혼자
써야겠다.

아 진짜......
왜 내 말을
안 믿어주냐?

......

장난이야,
바부야. 정색을
하구 그래…
철썩

…장난이야?

이럴 때 보면
좀 남동생
같기도 하고…
남동ㅅ…
절레
절레

최악이다……
엉엉엉엉
엉엉엉엉

반장이 야자 째는 건
좀 아닌 거 같지
않어?
그러게.

글고 김쑤랑 같이 나간 거 보면... 둘이 진짜 사귀나?

아니, 솔까 재밌기보다, 어렵고 불편하다고... 너도 힘들었다며?
응.

창조과학 얘기대로 믿는 게 젤 깔끔했는데...
Tee

민아한테 폭격당하고, 수영이 너랑 세나 누나한테 얘기 듣고 나서 완전 리셋됐어.

아까 끝까지 가보자고 설레발쳤지만, 실은 되게 불안해.
그럼 뭐, 진화론이 맞는 거야? 아담과 하와는 뭐야?

물론 나도
편하진 않...
왜 이렇게
어렵게 믿어야
되는 거야?
1년 전..
수영이 너,
예수님 믿는 거
맞아?
네...?
왜 말씀을 문자
그대로 안 믿니?
내가 기도 좀 해줄까?
아니...
왜 화를
내요..?

창세기는 해석할 필요가 없어.
주신대로, 보이는 대로 그대로 받아들이면 되는 거야.
하지만…
아니, 왜 그렇게 어렵게 믿으려 하냐고!
진리는 단순해, 수영아!
그냥 전… 궁금해서 이것저것 찾아본 거예요…
쓸데없는 질문이 많아지면, 신앙이 이상한 데로 간다고 내가 말했지? 어?
처음에 순수했던 수영이 모습은 다 어디 간 거냐고.

죄송해요, 오빠…
화내지 마세요…

이그… 오빠가 너
영적으로 지켜주려고
이러는 거야. 알았지?
네…

저…
수영아?

준아, 너무 불편하면
걍 빠져. 나 혼자
해도 돼. 진심.

아니…
그런 얘긴
아니었는데…

아니, 니 말이
맞아. 굳이
이렇게 어렵게
고민하며 믿을 필욘
없지…

수영아, 걍 나
푸념한 거야.
왜 그래?

여태 들은 얘기들까진 나도 쪼금은 알고 있던 것들인데…
이제부턴 진짜 모험 이라서…
짬뽕
SUGA

하하, 야. 나한텐 니가 해준 10억 광년 별 얘기부터 모험이었어.

불편하긴 해도, 그렇다고 여기서 멈추고 다시 돌아갈 순 없을 거 같아.

음…
창세기 1장이랑 아담에 대해서도… 창조론에 대해서도 생각보다 다양한 입장이 있는 거 같았어.

진화론을 믿든가,
창조과학을 믿든가 하는
양자택일의 문제가 아니란
얘기지.
진화론
창조
과학
(X)
(O)

그렇담 더 다행이네!
어떤 입장들이 있는지
궁금해.

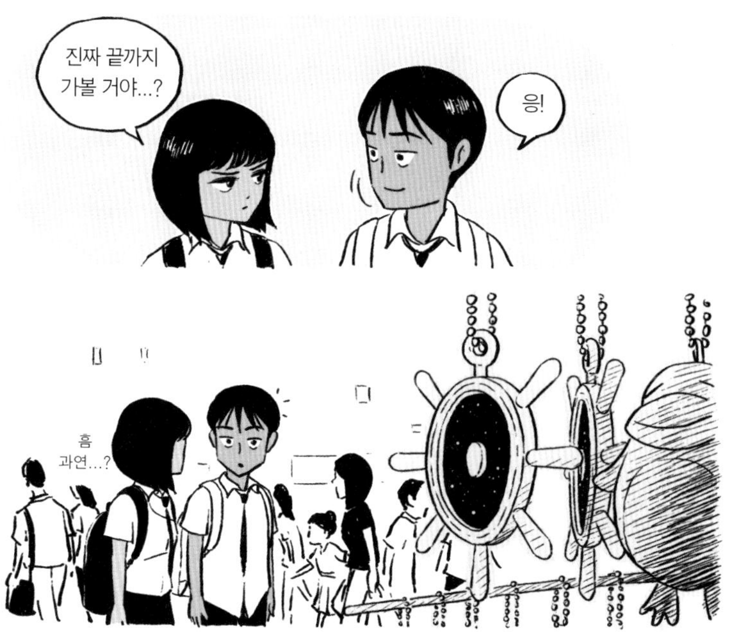
진짜 끝까지
가볼 거야...?
응!
흠
과연...?

오...

이거
두 개요.
못된 강아지

자.
뭔데?

이 항해를
끝까지 함께하겠단
증표.

같이 가방에
달고 다니자.
아 그건
싫어.

아
왜에에...
어디서
개수작이야...
휙

9화

다양한 입장들

왔냐.
온유야,
포도 좀
먹어라.
안 먹어.

야, 김수영이
니네 반이랬지?
응.
걘 왜?

걔 벌써
남친 생겼냐?
모르겠는데,
왜?

아니, 지난 토요일에
도서관에서 봤는데...
남자애랑 같이
있더라고.
준이...라고
했던 거 같은데.

설마 오빠
김쑤한테
말 걸었어?

아, 걔가 먼저
아는 척하길래.
나도 반가워서
얘기 잠깐 했지.

하... 그렇게 걔한테
시달리고도 반가워?
오빠가 왜 걜 아직도
신경 쓰는지 모르겠어.

야, 전여친 이전에
교회 지체 아니냐.
아직도 수영이 신앙이
좀 걱정스럽고...

참나. 오빠가
무슨 목사님이야?

그리고 그 남자애랑
둘이 읽고 있는
책도 좀...

...?
무슨 책인데?

『창조론자들』...이란
책인데.
그거 완전...

자, 먹어.

자, 공부해.
쿵

뭔데?
창조론의
다양한 입장들.
아빠 노트북 뒤져서
관련 자료들 좀
뽑아봤어.

오...

저기... 반장님.
제 자리거든요?
알아요,
잠시만요.

두 분이 뭐 사귀는
사이면 제가 이해해드릴 텐데,
그런 건 아닌 거 같고... 그져? 그져?

그러니 이만
꺼져라.
허억...

점심 시간, 수영이와 나는 애들 눈치 안 보고
둘이 공부할 곳을 찾아다녔다.

여기
비었다.

음악실...

그대~라~는
아름다운 세상이
여기~ 있어줘서~
멋있다,
너...

피아노를 좀 배워둘 걸 그랬나...

야, 뭐해.
아, 아냐
아무것도.

보면...
창조론은 일단
크게 세 가지로
구분되는 거
같아.
1.
2.
3.

진화적 창조론

오랜지구 창조론

젊은지구 창조론

진화적 창조론, 오랜지구 창조론,
그리고 젊은지구 창조론.

진화적 창조론? 그건 뭐야?

음… 하나님께서 진화라는 자연 법칙을 사용해서 창조하셨다고 보는 입장인 거 같아.

진화를 사용하셨다라… 그런 건 암만 해도 못 받아들이겠어.

근데, 진화적 창조론 안에도 입장이 또 세 가지로 나뉘네?

그래?
ㅇㅇ

제럴드 라우…
라는 학자가
구분한 거네.
비목적론적 진화
계획된 진화
인도된 진화[1]

근데 어휴…
이거 뭐….
난 도저히…
절레
절레

야, 걍
살펴보는 거잖아.
보기 싫음 줘.

아냐 아냐,
내가 보고
설명해줄게
수영아.

뭐야…

일단,
비목적론적 진화…
말이 좀 어려운데…

우주가 스스로 진화하도록
창조되었지만,
그게 어떤 목적이나 방향을
갖진 않는다는 입장이네.[2]

공을
만드셨지만.

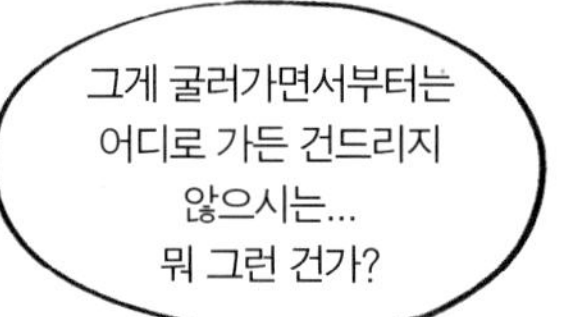
그게 굴러가면서부터는
어디로 가든 건드리지
않으시는...
뭐 그런 건가?

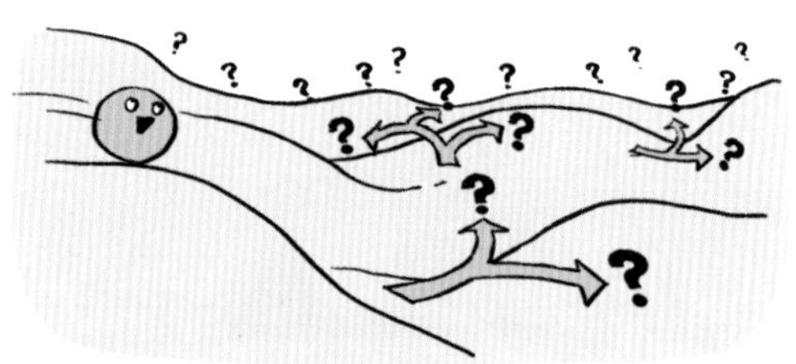

호오...
비유까지?

나, 설명 좀
잘하는 거 같아.

그다음은,
계획된 진화.
이건, 하나님이
어떤 계획을 가지고
진화 과정을
작동시키셨단 입장이네.[3]
PLAN

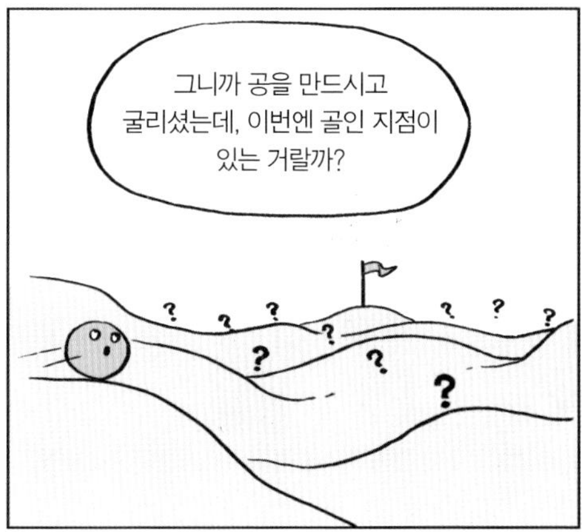
그니까 공을 만드시고
굴리셨는데, 이번엔 골인 지점이
있는 거랄까?

이것도 굴러가는
중엔 건들지
않으시고?
그치.

아하… 세 번째
'인도된 진화'와의
차이점이
그거네.

어떤 계획을 갖고
자연법칙을 창조하셨단 건
같은데…

'계획된 진화'는
최초의 창조 이후엔
자연법칙에 개입
안 하셨단 거고,
'인도된 진화'는
개입하셨단 거.
낮은 확률의 사건들의
발생을 '인도'하셔서.

인도된 진화에서
그 낮은 확률의
사건이란 게, 그니까
자연법칙 안에서
일어나는 일을
말하는 거지?
ㅇㅇ
그런 거
같아.[4]

정말이지 생소하고 적응 안 되는
얘기들이었다.
흠......
일단 계속
훑어가 보자.

이어서 우린 '오랜지구 창조론'으로 넘어갔는데,
여기도 다양한 모델이 있었다.

이 중에는 내가 택할 만한
입장이 있을까?

오랜지구 창조론...
일단 뭐, 말 그대로
지구가 아주 늙었다고
보는 입장이네.
46억 살

흠... 여기엔
그럼 어떤 모델들이
있어? 설명 잘하는
준아?

음음…
간격 이론,
날-시대 이론이
있는데…

어, 이거…
전에 너가 잠깐
얘기해줬던 거
같은데?
그러네.
너가 제대로
설명해줘 봐.

어디 보자… 두 이론 다
19세기 말에서 20세기 초에
유행했어. 이 시기에
성서비평학이 나오고
근대 과학이 발전해가면서…

자유주의와 진화론
으로부터 교회를 지키려는
근본주의와 반진화론
흐름이 거세졌는데…

걍 보고
읽는 거?
하하하
하하하…

말들이 넘
어려워……
털썩

아 몰라, 걍 읽을게,
그니까 당시에 진화론에
반대하며 나선
근본주의자들?
대부분이 주장했던
창조론 모델이
'간격 이론' 아니면
'날-시대 이론'
이었다고 함.

대표적 인물로는, 공립학교에서 진화론 교육을 금지하는 운동을 벌인 브라이언과, 라일리가 날-시대 이론을,
진화론자와의 논쟁 토론회로 유명해진 창조론자 림머가 간격 이론을 주장했다고...5
W.J.Bryan
W.B.Riley
H.Rimmer

아주 보수적인 신앙을 가진 분들이 주장한 이론들이란 얘기네.
그럴 만한 거 같아.

창세기 1:1-2 사이에 수십억 년 된 지질 시대가 다 들어가 있다는 '간격 이론'이나...
1:1
수십억 년
1:2

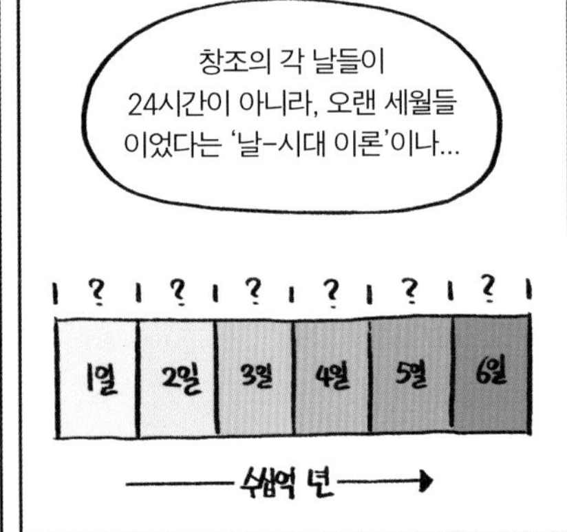
창조의 각 날들이 24시간이 아니라, 오랜 세월들 이었다는 '날-시대 이론'이나...
1일
2일
3일
4일
5일
6일
수십억 년

과학의 지질학 연대를 인정하면서도,
창세기의 날 순서와 최대한 조화시켜 보려는 시도들 같으니까.

오. 그렇게 보면 꽤 괜찮은 이론들 같은데?
그래?

성경적으로도
이 이론들이
근거가 있는 거
같단 얘기?

응! 뭐...
그런 거
같...

그럼 간격 이론부터
설명 좀 해줘 봐.
창세기 1:1-2
사이에 간격이 어떻게
들어갈 수 있는 거야?

나, 설명 잘하지
딱 한 마디 했다가...

오-지게 걸리뿟네.
맞제?

후... 일단
1절의 '창조하셨느니라'
라는 동사가 완료형이래.
그래서
1절에서 최초의 창조가
일어난 걸로 해석...[6]
최초창조
1:1
1:2
1:3
2절에서 땅이 혼돈하고
공허하단 말씀은,
수십억 년 세월 동안 일어난
재앙들이라고 해석하고...[7]
1:1
1:2
1:3

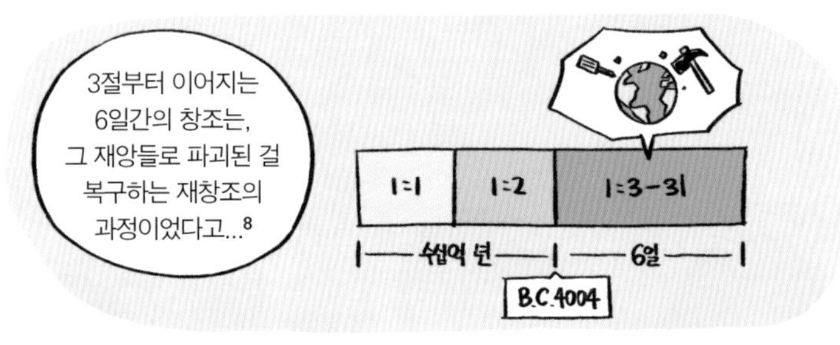
3절부터 이어지는
6일간의 창조는,
그 재앙들로 파괴된 걸
복구하는 재창조의
과정이었다고...[8]
1:1
1:2
1:3-31
수십억 년
6일
B.C.4004

잉?
그럼 3절부턴
젊은지구론이랑
똑같네?

음 그러네.
암튼 뭐 요즘엔
이 이론을 주장하는
사람은 거의
없다고 함.

그다음,
날-시대 이론은...
아따
빡세다...

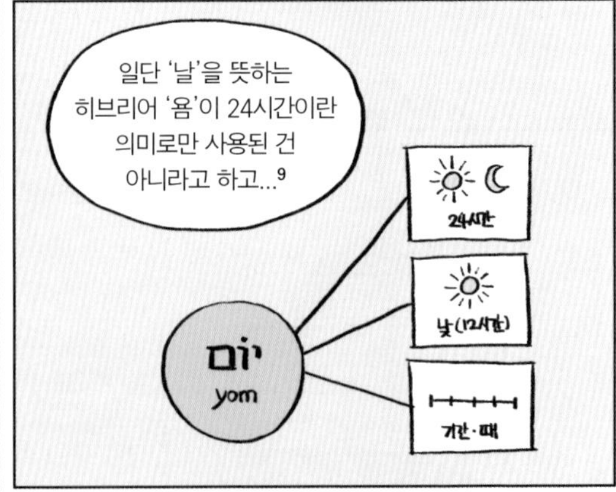
일단 '날'을 뜻하는
히브리어 '욤'이 24시간이란
의미로만 사용된 건
아니라고 하고...[9]
yom
24시간
낮(12시간)
기간·때

창조의 날들은
인간적 차원의 날이 아니라
하나님께 적용되는 날이니...
꼭 24시간으로 볼 필요는
없다고 하네.[10]

주의 손, 주의 눈과
같은 말들을 사람의
손이나 눈과 같은 의미로
읽지 않듯이…

하긴.
태양이 넷째 날에
창조된 것만 봐도.
응?
그게 뭐?

태양이 뜨고 지는 게
하루의 기준이었잖아.

태양과 달을 통해
낮과 밤을 나뉘게 하시고,
날과 해를 이루도록
하셨다고 쓰여 있기도
하고.11

근데 셋째 날까지는
태양, 달, 별
다 없었으니까.
……

첫 3일간은
하루의 개념이 뭐였을지
애매해지는 거지.

아...... 그러네??

흠... 창조의 날들은 그럼 정말 하나님 차원의 날들인가...? 뭐 주께는 하루가 천 년 같단 말씀도 있으니...[12]

날-시대 이론, 이건 꽤 일리가 있는 느낌적인 느낌이...? 어때 수영아?

근데 그렇게 각 날을 수백만 년으로 길게 잡는다고 해도 문제는 생겨.

넷째 날 이전엔 우주에서 지구밖에 없는 상태로 수백만 년이 흘러갔어야 하잖아.
싸늘하다...

...그게 뭐...?

100억 광년 된 은하 까먹었음? 그 별들보다 지구가 더 오래됐단 건 말이 안 되잖아.
아...

게다가, 셋째 날의
풀과 열매 맺는 나무들은
넷째 날의 태양 없이,
수백만 년간 어떻게
살 수 있었을까?[13]
싸늘하다…

햇빛만 없는 게 아니라
화분의 수정을 돕는 곤충,
씨앗을 퍼트려줄 새와
동물도 없었는데…[14]

……
그러네…
이거 뭐……

답이 없네!
답이 없어!
끝이 없네!!
끝이 없어!!

결국… 창세기의
6일 창조 순서랑 과학은
조화되기 힘든 건가?
음…

어떤 학자들은
대안적으로 이렇게
설명하기도 하네.

해, 달, 별은 진작 창조됐지만, 초기의 지구는 뜨거운 상태여서 구름층에 가려져 있었다고.15

그래서 태양이 보이진 않지만, 빛은 받고 있는 상태?16

그러다가 지구가 식으면서 넷째 날에 드러나게 된 거라고 함.17

털썩

수, 수영아 왜 그래!!?

어지러워... 당 떨어진 듯...
단 거... 단 거...

어어...
나도 좀ㅁ...
피이~

고1, 지식 과다입력 증세
털썩

기...다려봐 수영아...
단 거 좀... 사올게......
흐어...

점진적 창조론
progressive creationism

점진적... 창조론...?
뭐야... 이것도 오래지구
모델 중 하난가?
펄럭

흐어어......

끼똑

온유
니한테 잠깐 할 얘기 있음.
지금 어디?

뭐지, 갑자기...?

톡
톡
무슨 일
톡

어.

어디 갔다 오는 거?
왜 위층에서 내려와?
아, 수영이랑
창조론 자료 좀
보고 있었어.

아...
그래......

야 암튼...
과학 수행평가
다음 주 월욜에 중간 보고서
제출해야 하잖아.
응응.

우리 창조론 2모둠...
이대로는 진짜 망할 거 같아.
민아 혼자 떠드는데, 걔는 무슨
진화론 전파하려고
들어온 거 같고.

너, 민아 얘기 땜에
창조과학 버린 건
아니지?

음... 모르겠어,
수영이랑 자료들
보고 있는데...
창조과학만 창조론이
아니더라고.
꽤 다양한 입장들이...

난 온유에게 『창조론자들』 책 내용을 포함해서
지금까지 수영이와 탐구해온 내용들을 대강
얘기해주었다.

뭐??

김쑤 아버지가 교회에서 쫓겨나신 건 알아?

아니... 왜?
원래 김쑤랑 나랑 같은 교회였고. 울 오빠랑 김쑤랑 사귀었어서 잘 아는데...

사귄 거 맞구나...
김쑤 아버지... 방금 니가 창조론 입장 중 하나라고 한 진화적 창조론? 그걸로 강의하고 다니셨거든.

그러다 쫓겨나신 거고...
당연히 김쑤도 그런 아버지에게 영향을 받았지 않겠어?

그리고 너가 수영이랑
같이 봤다는 책
『창조론자들』? 그것도...

그 책 완전...
진화론으로 미혹하는
책인데.
진짜?

진화론 전파하는
책이더만.

너 읽어보고
하는 얘기야? 그 책은
진화론이 아니라
창조론의 역사를
다루는 책이야.

우리 오빠가 그러는데,
창조과학 안 좋게
몰아간다던데?
그게 진화론으로
인도하는 거지.

아니,
그게 아ㄴ...
그니까 민아만이 아니라
김쑤도 니 설득해서
진화론 믿게 하려는 거야.

야, 말 좀
함부로 하지 마!

김쑤 아직
우리 오빠 못 잊고
있는 거 같던데.

뭐...?

진짜
이 얘기까진 나도
안 하려고 했는데...

오빠한테 들어보니
너 좀 이용당하는 거
같다 그러더라.

야, 닥쳐.
도서관에서...

울 오빠 보란 듯이
김쑤가 너한테 팔짱 꼈다며.
왜 그랬을 거 같아?

잘 생각해봐.
진짜 너 걱정돼서
한 얘기니까.

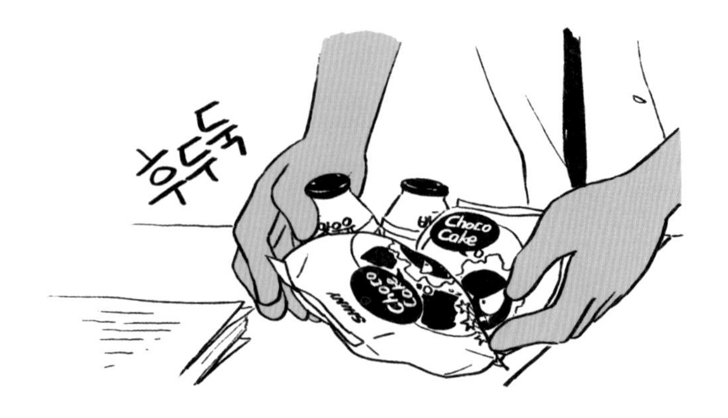
후두둑
Choco Cake

오! 고마워
잘 먹을게~

근데 오랜지구 창조론에 '점진적 창조론'이란 개념도 있더라?

1950년대에 버나드 램이란 신학자가 주장해서 유명해진 이론인데...
Bernard Ramm
1916-1992

......
야.

어?
뭔 생각해?

아,
아냐 아냐.
점진적
창조론?
응.
날-시대 이론이랑
비슷하긴 한데,
약간 보완된 개념 같아.
봐봐.

흠...

일단
기본적으로
...
하나님께서 오랜 자연 과정을
이끄시면서, 새로운 종들의
출현이나 변화에 기적적으로
개입해오셨다...는 거네.18
수십억 년

근데 버나드 램,
이 사람은...
6일 자체는 긴 시대를
나타내는 게 아니라,
'창조의 큰 그림을
계시하신 날'로
해석하네?19

근데 아까 봤듯이...
그런 식으로 맞춰보면
잘 안 맞거든.[21]

창세기 1장

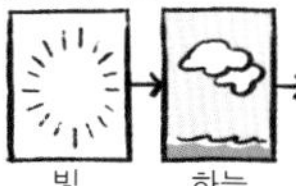

빛 → 하늘 → 씨 맺는 채소 열매 맺는 나무 → 해, 달, 별 → 바다 생물 → 새 → 땅의 짐승

현대 과학

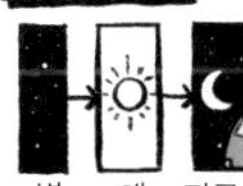
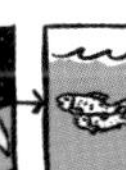

별 → 해 → 지구, 달 → 바다, 바다 생물 → 씨 맺지 않는 식물 → 육지 동물 → 씨 맺는 식물 → 공룡 → 포유동물, 새 → 열매 맺는 식물

...이해가
잘 안 가는데...
......

으음......
예를 들어...
게임 개발자 아버지가
아들한테 게임 제작 과정을
알려준다고 하면...

먼저, 게임의 스토리와
작동 방식이
구상되었지.
컨셉이 아빠 보기에
좋~았그등?

그게 돌아가도록
프로그래밍이
이뤄졌고.
코딩이 아빠
보기에 좋~았그등?

아름다운
배경 그래픽이
만들어졌어!
배경이
좋~았그등?

각종 멋진 캐릭터들도
만들어졌지.
기가 맥혔
그등??

그렇게 아빠의
게임이 다
이루어지니라!
짱이다...

그리고 아빠는
모든 일을 그치고
안식했단다...
ZZZZZZ

물론 게임 제작은
실제로는 훨씬 복잡하고,
딱 저 순서로 되는 것도
아니지만…
그렇다고 아들에게 한
저 설명이 거짓이
되는 건 아니잖아?

게임 개발자가 아빠라는 것.
그리고 개발 과정에서 일어난
중요한 일들이 무엇이었는지는
확실하게 전달이 된 거지.

아, 응응.
그러네.

야, 뭔데?
말해.

주

1. Gerald Rau, 『한눈에 보는 기원 논쟁』(새물결플러스 역간), 60-67.

2. Gerald Rau, 같은 글.

3. Gerald Rau, 같은 글.

4. Gerald Rau, 같은 글.

5. Ronald L. Numbers, 『창조론자들』(새물결플러스 역간), 27, 32.

6. John C. Lennox, 『최초의 7일』(새물결플러스 역간), 56; D. B. Haarsma, L. D. Haarsma, 『오리진』(IVP 역간), 123.

7. D. B. Haarsma, L. D. Haarsma, 같은 글.

8. D. B. Haarsma, L. D. Haarsma, 같은 글.

9. '12시간'(창 1:5), '기간/때'(창 2:4; 5:1; 수 24:7; 사 34:8) 등의 의미로 쓰인 곳이 여러 곳 있으나, '24시간'의 의미가 대다수이다.

10. Gordon J. Wenham, 『WBC 창세기(상)』(솔로몬 역간), 140.

11. 창 1:14-18.

12. 벧후 3:8; 시 90:4.

13. D. B. Haarsma, L. D. Haarsma, 같은 책, 125-126.

14. D. B. Haarsma, L. D. Haarsma, 같은 글.

15. Hugh Ross, "Genesis Questions, 2nd expanded ed.," 43; John C. Lennox, 같은 책, 199에서 재인용; Derek Kidner, 『TOTC 창세기』(CLC 역간), 65, 74-75.

16. John C. Lennox, 같은 글; Derek Kidner, 같은 글.

17. John C. Lennox, 같은 글; Derek Kidner, 같은 글.

18. Bernard Ramm, 『과학과 성경의 대화』(IVP 역간), 250, 268-269.

19. '회화일 이론'이라고 지칭된다; Bernard Ramm, 같은 책, 261, 270.

20. Bernard Ramm, 같은 책, 260.

21. D. B. Haarsma, L. D. Haarsma, 같은 책, 126.

10화

인간의 타락 이전엔 동물의 죽음도 없었을까?

응?
뭐가?

다른 생각
하고 있잖아,
너.

아닌데?

아니라고?
응.

......

암튼 뭐... 지금까지
여러 입장들을 조금씩
살펴봤는데...

어때? 어느 쪽이
제일 나은 거 같아?
글쎄...

넌?

음... 난 일단
인도된 진화랑...

진화......

그니까
민아만이 아니라
김쑤도 니 설득해서
진화론 믿게 하려는
거야.

점진적 창조론
둘 사이에서
좀 고민을...

드륵

터벅 터벅

야!

너
왜 그러는데??

딩동댕
딩동

5교시야.

쭌이 ㅅㅋ
야자 또 쨌네?

이럴 애가
아닌데…

야 김쑤,
쭌이 뭔 일
있냐?

몰라......
그걸 왜
나한테 물어...

빠앙
빵

나가자,
준아.

나한테 뜬금없이 팔짱 낀 건
그때뿐...
마치...
그 사람 보란 듯이...?

꼭 무슨
사이여야 해
...?

톡

응?

톡 톡 톡 톡 톡 톡 톡 톡 톡 톡

......
니 뭐함?

다음 날, 창조론 2모둠
중간 점검 대비 모임.

뭐야 얘,
대체……

뚜― 뚜― 뚜―
전화도
안 받는데…

……

김쑤!
너의 준느님은
어디 간 거뉘?
무슨 얼어죽을
준느님…

자자, 담주 월욜
중간 점검 때 낼 거
오늘 정리해야 하니, 일단
시작하고 있자요~

온유 혹시
민아 얘기에
반론 가져온 거
있음?
응 있어.

성경대로 믿으려면
젊은지구론 외엔
대안이 없단 걸
깨우쳐줄게.

...???

지구의 나이를 6천 년이 아니라 수십억 년으로 보는 게 복음을 파괴하는 거 알아?

아니 왜??

'죽음'이란 게 아담의 죄로 들어온 건 알지?
근데 지구가 수십억 년 됐다면, 아담 이전의 세월 동안 이미 동물, 식물들의 죽음이 있었단 얘기가 되잖아.

아하... 그러네?

하아... 동식물들의 죽음도 아담의 죄 때문에 들어 왔다고?

성경은 그렇게
얘기 안 한다에
후라이드 한 마리,
양념 한 마리
총 두 마리 건다.
쫄리면 뒈지시던가.

하. 이게
어디서 약을
팔아?
왜?
후달리냐?

후달려?
흐허허허ㅎㅎ
ㅎㅎㅎㅎㅎ

오냐, 후라이드랑 양념
각각 한 마리씩 두 마리
건다. 빵세, 성경 구절
찾아봐.

자, 확인
들어가겠
습니다잉~

딴~따라라~
따라라~
따라라~따

어...??

왜왜??
그런 구절들이 있긴 함. 근데...

죄로 인한 죽음은 사람한테만 적용되는 거 같은데?

말도 안 돼. 줘봐.
탁

로마서 5:12
그러므로 한 사람으로 말미암아 죄가 세상에 들어오고 죄로 말미암아 사망이 들어왔나니 이와 같이 모든 사람이 죄를 지었으므로 사망이 모든 사람에게 이르렀느니라
로마서 5:15
..곧 한 사람의 범죄를 인하여 많은 사람이 죽었은즉..
고린도전서 15:22
아담 안에서 모든 사람이 죽은 것 같이 그리스도 안에서 모든 사람이 삶을 얻으리라

확실하지 않으면
승부를 걸지 마라.
이런 거 안 배웠어?

이 구절들이
동식물한테
적용되지 말란 법
있어?

아오… 진짜
개억지…

그리고!
동식물이 죽는 모습을
보면서 하나님께서
'보시기 좋다'고 하셨겠어?
말이 됨?

야, 식물은 이미
에덴 동산 안에서도
뜯어먹히고 있었잖아?
공식적으로.1

……

뭐… 식물은
생물이 아니라고 봐도
되니까. 어쨌든 동물은
에덴에서 불멸했어.

식물은 생물이
아니다….
아놔…

니가 생물 시간에
배운 풀떼기들은
다 동물이었냐?
구라 치다
걸리면
손모가지…
워워워~~!

누가 이기든
치킨은 먹게 됐군.
착

오후 2:30
유준
1 야
1 야왜안와

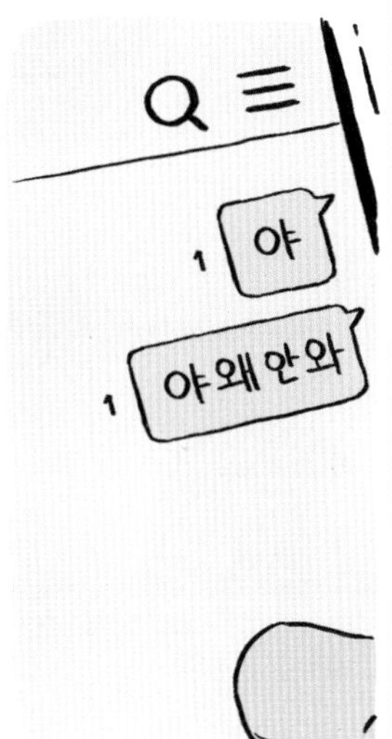
1 야
1 야왜안와

야 됐고, 에덴에서
사람을 제외한 피조물 중에,
동물만 불멸했단 걸 입증할 수
있는 성경 구절 꺼내와 봐.

아 모르겠고,
난 동물들이 죽는 걸
보며 '보기 좋다'고
하나님이 말씀하실 순
없다고 생각해!

음… 실은
나도…

그 부분이 좀
불편했었어.
온유가 무슨 맘인진
알 거 같아.

근데 하나님께서
피조물의 불멸이나 뛰어남 같은
속성들 자체를 두고 '좋다'고
하신 걸까?

당연한 거 아냐?
그럼 뭘 보고
좋다고 하신 건데?

그것보단… 피조물이 하나님과의 적절한 관계 속에 있기 때문에, 선하고 좋다고 평가하신 거 아닐까?[2]

아 뭔 소리야…

음… 그러니까, 피조물을 선하다고 하신 건, 그게 하나님께서 만드실 수 있는 최선의 것이어서라기보단…[3]

피조물이 하나님의 정한 목적에 응답하기 때문에 선하다고 불린 거 같아.[4]

최선의 것이 아니라고??

예를 들어, 아담과 하와는 범죄할 가능성을 품은 채로 창조되었잖아?
게다가 순종할 경우에만 죽지 않을 수 있었고.

그러니까 영원히
불멸하는 존재로
지어진 게 아니라...5
후흐하
하하하!

하나님과의
바른 관계에서
벗어나면 반드시
죽도록 지어진 거잖아.6
주여...

그니까,
아담 자체가 완전한 존재로
지어져서가 아니라,
아담이 하나님의 목적대로
응답하기 때문에 보시기
좋았던 거지.

만약 피조물의
어떤 속성만을 두고
좋다, 선하다고
하신 거면...
피조세계는 창조된 이후부턴,
굳이 하나님 없이도 계속
스스로 선한 존재일 수 있게
되잖아.

호오...
그러네...

니 신학 공부했냐?
설명이 후덜덜하네?
내가 아니고
아빠가...

아부지가 사기 캐릭
이시구만. 과학자가
신학까지...
암튼...
그래서 개인적으로
생각한 건 이거야.

창조세계의
좋고 나쁨을
우리가 판단해서
그걸 하나님께
주입시켜선
안 되겠다는 거.

창조의 선함에 대한
기준들은
하나님께 있고...

그 속엔
우리가 다 이해할 수
없는 것들도
많을 테니까.

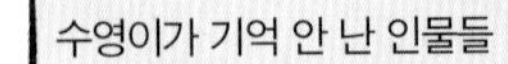

장 칼뱅과 대부분의 개혁파 신학자들은 인간의 육식은 심지어 홍수 전과 타락 전에 허용되었다고 생각했다.

동물 세계는 이미 창세기 1:28에서 인간에게 주어졌고, 특히 바다의 고기들을 염두에 두고, 짐승들을 죽이고 사용할 권한을 분명히 포함한다.[9]

헤르만 바빙크

탁

야, 어디 가??
시켜 먹어.

보아 하니 다들 젊은지구론은 팽시킬 각이라…
난 더 이상 이 모둠에 있을 이유가 없을 거 같다.

어어 온유! 그런 거 아닌데엑!!
야야!!

야, 박온유!

뭐 어쩌자고
그렇게 가는 거야?

생각해보면
김쑤 니가
제일 나빠.

준이가 오늘
안 온 거,
너 때문인 거
알아?

주

1. 창 1:30.

2. L. H. Osborn, 『IVP 성경신학사전』(IVP 역간)의 기고문, 1099; D. Bonhoeffer, "Creation and Fall: A Theological Interpretation of Genesis 1-3"(London, 1959), 23.

3. Herman Bavinck, 『개혁교의학 2권』(부흥과개혁사 역간), 552-553; 윤철민, 『개혁신학 vs. 창조과학』(CLC)에서 재인용.

4. Herman Bavinck, 같은 글.

5. Herman Bavinck, 같은 책, 699-700.

6. Herman Bavinck, 같은 글.

7. Meredith G. Kline, 『하나님 나라의 서막』(P&R 역간), 89; 윤철민, 같은 책, 104에서 재인용.

8. 요 21:8-13.

9. Anthony A. Hoekema, 『개혁주의 종말론』(부흥과개혁사 역간), 115; 윤철민, 같은 책, 53에서 재인용; Herman Bavinck, 같은 책, 718-719.

11화

꿈꾸던 소녀의 전쟁

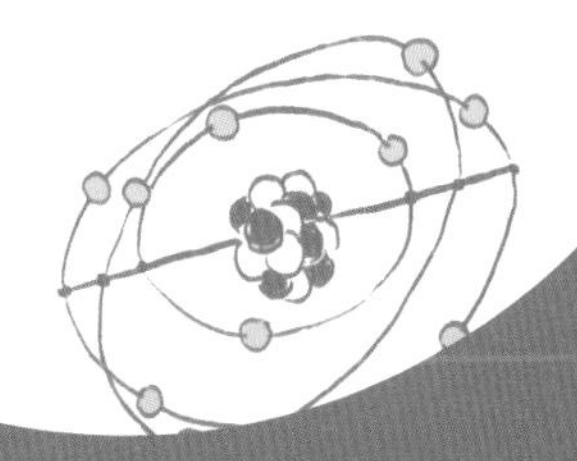

그게 무슨
말이야?

너가 어떤 의도를
갖고 있는지
준이가 다 알게
됐으니까.

의도??

진화론
전파하려는 거.
내가 모를 줄
알았어?

뭐...?
아니...
니네 오빠만이
아니라... 너까지
그렇게 생각해?

왜 그렇게
생각하는 거야?
젊은지구론 아닌
다른 입장들을
탐구하면 무조건
진화론 전파자야?

우리가 모여서
토론은 왜
하는데 그럼?

뭔가 착각하나 본데.
난 이걸 토론으로
생각 안 해.

이건
전쟁이니까.

1년 전.
스윽

으 뭐야!

헤헤.
이게 뭐게?
아씨 박온유...
치워.

치우라니...
내가 직접 만든
원자 모형인데.
원자?
ROONEY!

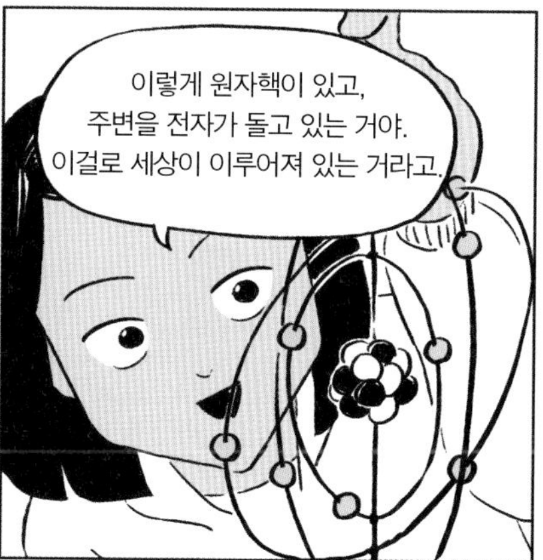
이렇게 원자핵이 있고,
주변을 전자가 돌고 있는 거야.
이걸로 세상이 이루어져 있는 거라고.

근데 이 원자 하나가
축구 경기장만 하다고
치면,
원자핵은 구슬 크기
정도래! 전자는 그것보다
훨씬 더 작고.

그럼
나머지는?

나머지는 진공이지!
아무것도 없는!
그니까, 오빠 몸에서
그 진공을 다 뺀다면,

소금 알갱이 하나 정도로
줄어드는 거임.
신기하지?

아이고
신기하다...
난 나중에
꼭 물리학자가
되서, CERN에
들어갈 거야.

그래서 하나님께서
만드신 이 세상의 비밀을
더 알아가고 싶어.

......

박온유.
너 시험 문제에
답이 왜 이래?

환경에 적응한 개체가
더 많이 살아남아
자손을 만드는 걸
뭐라고 하는가?
답 뭐냐, 반장?

자연 선택
입니다.
이욜~

그래. 근데
이 간단한 문제를
온유 넌 왜...
'그런 과정은
일어나지 않았음.
모든 종은
하나님께서 창조.'
아이고
온유야...

우와
대~박.
ㅋㅋㅋㅋㅋ
온유
개독 인증!

신앙 고백은
교회 가서 해라 좀.
출제자 의도를 알면서
왜 이렇게 답을 쓰니?

그래서
그것 땜에
놀림감 됐다고?
아 오빠가
진화론 문제
나오면 그렇게
하라며!

야, 잘한 거야.
그런 것도
복음 전하는
거야.
아 몰라,
짜증나...

나는 개독입니다
사막잡신을 믿슘미다!!
I am Gaedok

아... 온유야
나는 하지 말라고
했는데 애들이...

쏴아-

쏴아-
흑…
흑…
흑…

UP!
청소년부 여름수련회

여하간 이렇게,
진화론은 믿을 만한 게
못 됩니다.

여러분이 아셔야 할 것은
현대 과학의 기반이
무신론, 즉 하나님은 없다고
말한다는 것입니다.

그러니 신앙과 과학이
대립하는 건 당연한
겁니다.

사탄은 진화론을 통해
우리를 사자처럼
잡아먹으려 합니다.

그러니 창조론 믿는다고
혹시 학교에서 놀림
당하더라도 이상하게
생각할 필요 없습니다.

사탄에게 당하지
말고 끝까지
믿음으로 싸워
이기십시오!

이것은 이 시대의
전쟁입니다!
영적 전쟁입니다!!

콰악

휙

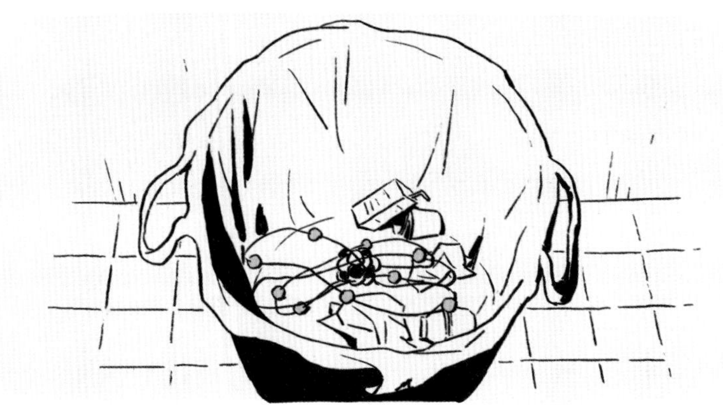

암튼 니네가 성경에 진화론 섞어버리려는 거, 난 절대 그냥 놔두지 않을 거야.

야, 그런 게 아니라…
이미 다 얘기했어.

니가 무슨 목적을 갖고 있는지, 너희 아버지에 대해서도, 우리 오빠랑 너에 대해서도 준이한테 다 얘기했다고.

뭐…?

12화

김수영 1년 전

아마 준이, 이제 너랑
더 이상 공부하려 하지
않을 거야.

야, 무슨 얘길
어떻게
했길래??

됐고, 난 준이랑
따로 자료 만들어서
제출할 거니까
그리 알아.
휙

야!!

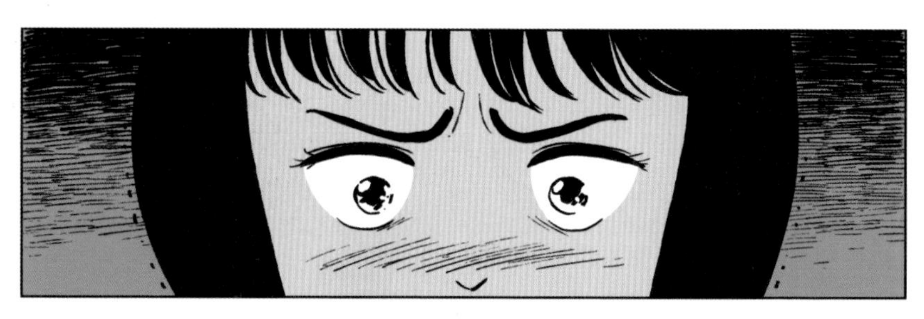

수영이 너,
예수님 믿는 거
맞아?

쓸데없는 질문이
많아지면, 신앙이
이상한 데로 간다고
내가 말했지? 어?

소등하겠습니다.
내일 기상은
7시 30분입니다.

그 사무엘 오빠
니한테
왜 그럼?
응?

계속 막 뭐라고
하고, 기도도 막
니 혼내듯이
하던데?

아…
과학이랑 창세기
땜에 내가
이상한 질문 좀
많이 해서…

질문했다고
그 ㅈㄹ임?
아 괜찮아.
이제 그런 얘기
걍 안 하려고.

뭘 또 안 해?
나도 그거
궁금하구만.
걍 창세기에
써 있는 대로
믿으면 돼,
민희야.

헐 진심?
김쑤답지
않은데…

아, 오늘 오전 강의 때 강사가 욥기 얘기했잖아.
응

뭔 얘긴가 해서 쫌 읽어보니까, 하나님이 욥한테 막 질문 폭격하시드라?

욥 니, 내가 세상을 창조할 때 거기 있었니? 니가 아는 게 뭐 있니?[1]

욥은 걍 찌그러져서 할 말이 엄숨미다... 이러든데. 근데 솔직히 욥이...

제, 제가 실은 쫌 압니다... 제가 차, 차, 창세기를 쫌 읽었그등요...

이래야 하는 거 아님?
ㅋㅋㅋ이제 막 믿은 쪼렙 신자가 별 희한한 생각을 다 하네.

야, 이런 거 그 오빠한테 말고, 전도사님한테 물어보면 안 됨?

그래 민희야,
뭐가 궁금하니?

전도사님, 왜
창세기 1장이랑
저희가 과학 시간에
배우는 거랑 달라요?

……

음…
그건 말이지…

전도사님도
모르세요?

사실 전도사님은
학교 다닐 때 수포자, 과포자
였단다…
샤방

허얼!!
그래서 솔직히
니 질문에
좋은 답을
못 해주겠고…

아 뭐예요,
전도사님도 그러면
어쩌라고요…
아니,
도움이 될 만한
사람을 생각해
보자고.

아, 수영이 아버님,
김 집사님!
과학 교수시잖아!

과학과 창세기에 관한
김석제 교수
다양한 관점들

오늘 특강해주실
김석제 교수님이십니다.
수영이 아버님이기도
하시죠. 자 박수!

와아~~
짝 짝
짝 짝
짝
아, 왜
내가 긴장되지…

당신 강의가
무신론이라니?
어처구니가
없어서 정말!
그리고 성도한테
교회 옮기라는
목사가 어딨어,
세상에!!
수영이 듣겠다
좀 진정하고...

끼이이-

무슨
일인데요...?

디
123-456
창조독서실
쏴아아

왜,
무슨 일인데?

지난 주 주일날
저희 아빠가
했던 강의...

그 강의 들은 학생 중
한 명이 담임 목사님한테...
저희 아빠를 무슨
무신론 강의한 사람으로
일러바쳤대요...

그래서 저희 아빠...
그리고 전도사님도...
교회에서
쫓겨나신대요...

아... 나도
듣긴 들었는데...

들었다구요?

뭐 그렇다고
너도 교회
옮기진 않을 거지?

……
오빠 지금
그게 문제가
아니잖아요…

넌 옮기지 마.

아니, 솔직히 너희
아버님 강의
문제 있었잖아.
창조 독서실

무슨 문제요?
과학과 창세기를 보는
다양한 관점들을 소개한 게
문제예요?

야, 넌 내 얘기를
그렇게 듣고
내가 기도도 해줬는데,
아직도 정신 못 차리니?
분별이 안 돼??

담임 목사님한테…
오빠가 얘기한 거
아니죠…?

쏴아-

내가
얘기했다.
쏴아아-

쏴아아
창조 독서실

오빠가요...?
창조 독서실

왜... 왜요...?
오빠가 왜요?

우리 청소년부를
위해 한 일이니까,
이해해줬음 좋겠다.

이해
못 하겠어요...
절레
절레

주

1. 욥 38-40장.

13화

신앙이라는 이름으로 행하는 폭력으로부터

이건 부당한...
부당한 일이에요,
오빠.
하...

제발 좀 눈을 떠!
이건 진리와
비진리의
문제라고!

너희 아버님은
명백히 학생들을
미혹한 거야.
그건 네가 확실히
알아야 해.

난 널 영적으로
지켜주려는 거야,
수영아.

닥치세요.

뭐...?

그 입
닫치라고요.

야, 너
지금 좀
이상해!
가까이
오지 마.

너 지금 분을
내고 있거든?
기도 좀 받아야
겠다.

너한텐
안 받아.
질레
질레

아 이게
진짜!

니가 뭔데?
니가 뭔데
성경도 과학도
다 깨우친 사람처럼,
이 세상과 하나님에
대해 다 아는 것처럼
사람을 심판해?

그래, 어디
계속해봐.
이러다 아주
우리 사이도
끝장내겠다?

이미
끝장났어.

야아!!
제발 좀!

꺼져!
짝

짜악
아!

쏴아아-
창조 독서실

하......
진짜...
창조 독서실

니가 이 정도로
노답일 줄은
몰랐다.

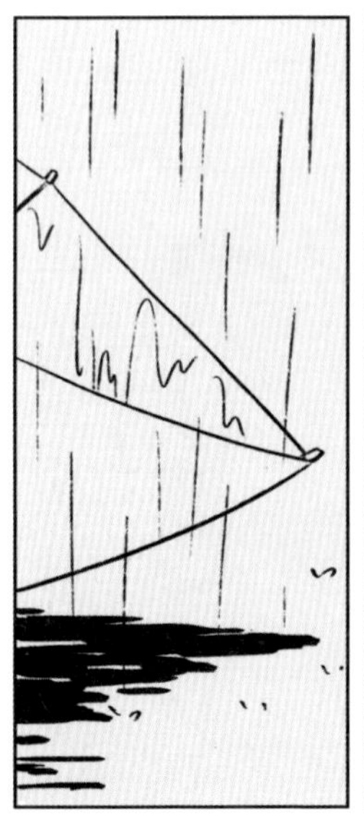

온유는 가버린 겨?
야야 쉿!

뭐해, 니네?
어억…

수영아-

…수영아.

오오
쭌이 온 거
같은데!!
반장
온 거임?

금방
올라갈게!

됐어,
집에 가!

올라가서
얘기할게!
오지
말라고!!

문 잠궈버려야
겠다.
홱

철컥

띠리리-

야 뭐야?
문 열어!
쾅
쾅

니네
뭐하는 거?
아 이민아,
눈치가
없어요-

탁
탁
탁
탁

꾹꾹
아
이것들이!

야, 니네
건전지 뺐어??

킴쑤, 이거
고장난 거 같아...
고장은
무슨!!

아, 핵 어이없네
진짜!

수영아.

늦어서
미안해…

뭔데 너…
온유랑 같이 창조론
따로 정리한다면서
왜 왔는데?

…그게 무슨
소리야?

아… 온유가 방금
뭐라고 카톡 보내긴
했네…

아니, 그런 것보다
너랑 공부해가기
좋을 만한 책들
좀 사왔어.

같이
탐구해가는
건데…

너무 너한테만
의지했던 거
같아서…

왜 울어...
안 울어.
가, 너.

나 안 가,
수영아...

너가...
나 피하는 줄
알았어.

......
사실 온유가 나한테,
너에 대해서
뭐라뭐라 했었는데...
알고 보니 얘기가 좀
다르더라고.

하루 전.
빠앙
빵

응?

요즘 심심하면
야자 짼다 니?

아니 그래서 지금,
온유 얘기만 듣고
멘붕 온 거?

양쪽 얘길
다 들어봐야지,
이 쭌쭌아!
아 그렇다고
수영이한테
어떻게 물어봐!

김쑤 절친
고민희 씨가 있잖냐.
쫌 생각을 쫌...

아.
낼 함
보자고 해.

흐음...
흠...

고오~급 정보를
원하는군... 허?
건들
건들

박사무엘…

그 인간이 참
김쑤 마~이
힘들게 했지.

오히려
이번 일도…

널 더 알아가는
과정이었던 거
같아.

나 같은 애
알아가서
뭐하냐…

너만
피곤하지…
아니야.

더 이상 그 자식 떠오르지 않게 해줄게…

같은 상처 두 번 다시 받지 않게…

지켜줄게.

나도 다를 바 없는 놈이었지만… 신앙이라는 이름으로 행하는 폭력들, 이제 용납 못해.

아이고야!
확 안아부렀네잉!!
뭐?? 아니
이것들이!!

이제 나…

나, 너랑…

좀 더 가까운…
사이여도 될까?

흐어어!! 김쑤
뭐라고 대답할
것인가!!

14화

과학과 종교의 전투라는 신화

두근
두근

두근
두근
두근
두근

두근
두근

두근
두근
두근
두근

나... 지금
대답해야 돼?

당연하지!!
당연하지!!

아직...
맘이 안 정해진
거야?
아니,
맘은......

마음 때문이
아니라...

...?

벌컥
아, 걍
사귀어!!

쎄—

철민아~
거기서 뭐해?

이... 이것들이 같이 있어놓고!!
화끈
화끈

아, 니네... 아직 다 있었구나?

갑갑스럽네, 무대까지 다 세팅해줬구만.
절레 절레
아, 둘이 알아서 하게 냅둬!
오지랖도 정도껏...

자자 뭐 이쯤하고, 얼른 대책을 세워야 함. 당장 이틀 뒤 월욜에 중간 평가 제출임.

아까 들어보니 온유는 준이랑 젊은지구론으로 따로 제출할 생각이던데?

좀 전에 카톡왔다며?
응. 이따 저녁에 따로 보자는데... 참나.

걱정 마,
안 갈 거야.

아냐, 가.

...가라니?

걔 지금... 너 말곤 아무하고도 얘기 안 할 생각인 거 같아서...

야, 널 그렇게 모함한 애한테 가라고? 난 열 받아서 못 가겠는데?

그래 야, 지금 준이한텐 좀 무리한 요구인 듯.

니가 못 가겠다면 내가 갈게.

......
아니, 수영아 넌 온유한테 화가 안 나?

화나.

정말 많이
화나. 하지만…
걔도 어쩌면
피해자야.

무슨 말이야
그게?
원래 온유
중학교 땐…

꿈이 물리학자였어.
하지만 어떤 강의를
듣고 온 뒤부턴…

현대 과학이 무신론을
전제로 깔고, 하나님을 대적한다고
믿는 것 같더라구.

음… 야, 근데
그거 맞는 말 아님?
기독교 입장에선?

뭐가?

아니, 현대 과학이니
진화론이니 하는 거
결국 신은 없단 얘기 아냐?

고거는
정용 니가 잘못
알고 있는 거임.
그럼 뭔데
이 빵세야?
아
찌르지막!
콕

현대 과학이나 진화론은
신이 있냐 없냐를
판단할 수가 없음.

과학은 자연의 영역을
탐구하는 거지,
자연 너머의 존재를
탐구하는 게 아니니까.
???

그래서 스티븐 제이 굴드 같은
진화생물학자도, 과학으로는
신의 존재를 입증할 수도,
부정할 수도 없다고 한 거임.[1]
Stephen Jay Gould
(1941-2002)

기독교 내에선 창조과학이
일반 성도들에게 대중강연을
공격적으로 펼쳐와서 그런 듯.

하지만 빵세가 얘기했듯,
진화 이론이 신은 없다는 결론을
내려주지는 못함.

툭
무신론
진화론

니네는 그런 거
다 어떻게 아는 거냐?
개신기하네.
뭐 나도
도킨스 책 읽고
충격먹었다가...

생물학 박사면서도 신학 박사인
사기캐, 맥그래스 형님
설명을 듣고 안 거임.
행님!

과학은 신의 존재를 부정하거나
확증할 수 없어요.
진화론이 필연적으로 무신론적이란
주장은 자연 과학의 능력을 넘어서는
판단입니다.[3]
Alister Edgar McGrath

도킨스가 지지하고 있는
'과학과 종교의 전투'라는
대중적 신화는 이미 그 수명을
다했습니다.[4]

흠...
그런 거구먼.

야 그럼 반장,
니 빨랑 가서 온유의 오해만
요렇게 풀어주면 되겠네.

온유
시간 없으니까 지금이라도 만나. 짧은지구론 정리ㄱㄱ
한시간 뒤 오디야 카페에서 봐

온유 만나고 오면... 아까 내가 물었던 거 꼭 답해줘.

...그래 알았어.

동산
ODIYA COFFEE

오~ 왔어?

어!
커플룩이다
우리!ㅋㅋ
아...ㅎㅎ

오오, 뭐야
책도 사온 거? 너도
제대로 맘먹었구나?
아...
이 책들은...

나도 우리 오빠한테
부탁 좀 해뒀어. 젊은지구론
관련 자료들, 오빠가 많이
갖고 있거든.

같이 주말 동안 제대로 정리해서,
창조론 2모둠 이름으로 우리가
먼저 제출해버리자.

음......
온유야
그건...
아닌 거 같아...

뭐가?

제출할 거는
애들이랑 같이
얘기해서...

야야, 얘기가
통할 애들이
아니야.

아니...
젊은지구론도 포함해서,
창조론의 다양한 입장을
같이 정리해서 제출하는 게
어떨까?

아, 진짜 갑갑하네 너도.
젊은지구론 말고
다른 입장들은 창조론이 아니야.
그걸 어떻게 같이 제출해?

하아......

온유야 그럼 만약에...
만약에 말야...

젊은지구론이 잘못된 것으로 빼박 밝혀진다면… 그럼 넌 하나님에 대한 믿음도 버릴 거야?

…지금 무슨 얘길 하는 거야?

젊은지구론에 반대 되는 증거들을 처음 접했을 때 나는… 하나님에 대한 내 믿음이 공격받는 느낌을 받았거든.

그래서 방어적인 마음에 말도 막 함부로 하면서… 수영이한테 상처주기도 했고…

하지만 내가 수영이랑 공부해가며 느낀 건…

젊은지구론은 그냥 하나의 입장이라는 거야. 그게 어떤 신앙의 척도가 되어선 안 되는 거 같아.

수영이, 수영이,
수영이, 그만 좀...

야 잠깐만 너...
혹시 나
설득하러 왔냐?

아, 아니?
그런 거
아닌데?
움찔

그래...?
그럼 우리 오빠 좀
만나볼래?
나보단 오빠가 설명을 좀
잘해줄 거 같거든.

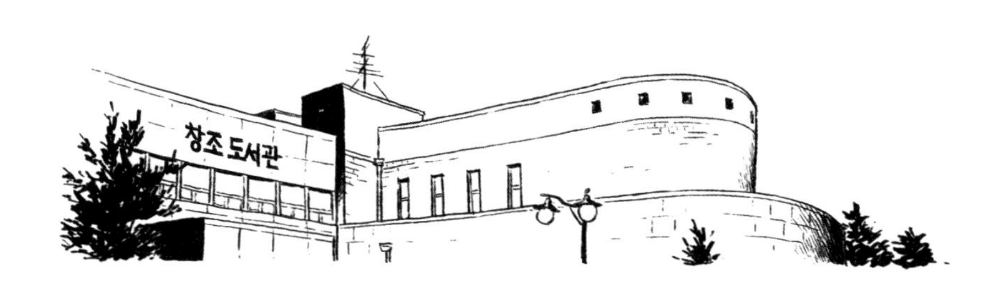
창조 도서관

주

1. Alister E. McGrath, 『도킨스의 신』(SFC 역간), 110-111; Steven Jay Gould, "Impreaching a Self-Appointed Judge," *Scientific American* 267, 1(1992): 118-21.

2. 우종학, 『무신론 기자, 크리스천 과학자에게 따지다』(IVP), 39-40.

3. Alister E. McGrath, 같은 책, 111, 154-155.

4. Alister E. McGrath, 같은 책, 267.

15화

창조와 종말을 읽는 위험한 렌즈

아~ 열라
공부하기 싫네,
참말로…

주말에 머꼬 이기…
대학 오믄 여친이나 만들 수
있을 줄 알았드만, 이거 뭐
동기들은 죄다 선배들하고
눈 맞아가꼬!
유세대(20)
박사무엘 신학교 동기

벌써로 믿음의 가정
뭐 이딴 소리
해싸튼데! 이거 너무
슬프지 않나, 싸무엘아!

내가 웬만해선
눈물이 안 나는
사람인데
눈물이 나오네

근데 야, 이번에
학교에 창조과학 강의
신설됐잖냐.
ㅇㅇ

그거 가지고 우리
동기들이 교수님한테
항의하러 간 거 아냐?
뭘 또
항의를 하고
난리고…
내 말이.

아, 근데 어이없는 건,
나랑 헨리 모리스 책 갖고
스터디한 애들도
거기 같이 갔더란 말이지?
오오,
헨뤼 모뤼씌!
크…

창조과학의 아부지 아이가.
이분이 진화론 코피 터자뿟지.
Henry M. Morris
(1918-2006)

근데
그분 책 읽은 애들이
와 창조과학 강의
반대한다카노?
내가 그게
이해가 안 가는
거 아냐.
후룩

근데 잘 보믄 꼭 그런 애들이
창세기뿐 아니라 종말론도
빙시같이 해석해.

성경을 문자적으로 봐야
창세기도 계시록도
풀리그등. 그렇게 읽으면 사실
어려울 것도 없는 얘기들인데.
동의하나,
싸무엘아?
ㅇㅇ
니 말이
맞지.

예를 들어, 노아 홍수 전에 있던
궁창 위에 물. 그거도 다시 회복이
되그든? 어떻게 회복이 되느냐?
어려울 게 읍서.
물 층(?)

자, 마지막 7년 대환난 중간에
하늘이 닫히뿌그등? 그리고 네 천사가
땅 네 귀퉁이를 잡아서 바람도 못 불어.
계시록 7장, 11장에
나온다 아이가.

땅의 물은 계속 증발하는데, 비는 못 내리니까, 어짜겠노? 이게 다 대기권 위로 가는 기라.
?
?
?

그렇게 점진적으로 궁창 위의 물도 환난기에 다 회복이 되는 기지. 캬! 탁월한 해석 아이가?

그니까, 7년 환난 후에 오는 천년왕국은 마 딱 노아 홍수 이전의 지구로 돌아가는 기라.

봐라, 창조과학적으로 성경을 봐야 이런 것도 보이는 기지, 안 글나?
야, 잠시만...

7년 환난, 천년왕국 이런 거 세대주의 종말론 아니냐? 그리고 방금 니 해석들도 너무 나간 거 같은데?

내 해석?ㅋㅋ 야, 예수님이 말씀하신 종말의 '재난의 시작'이 바로 1차 세계대전과 당시의 유행성 인플루엔자, 중국과 일본의 대지진 등이었고...

'이 세대가 지나가기 전에' 그 모든 일이 다 이뤄질 거라 하셨으니, 우리가 주님 재림 이전에 사는 마지막 세대일 수 있다…
야야 그런 극단적 종말론 얘기 좀 그만!

…라고 우리의 슨생님 헨리 모리스의 책에 적혀 있드라.

쿠쿵

그게… 헨리 모리스의 얘기라고…?
ㅇㅇ 방금까지 내가 말한 내용 전부.[1]

뭐 그것뿐만 아니라, 에스겔 37, 38장대로 하면 종말엔 러시아랑 중동 국가들 연합이 현대 이스라엘 국가와 한따까리 할끼라 카고…[2]

뭘 어떻게 해석하면…
러시아는 또
왜 나오는데?

38장의 '곡'이
로스 왕 아이가.
로스. 러시아. 비슷하제?
요거를 모리스 슨생님이
놓치지 않고 마 캐취한 거
아이겠나![3]

하, 미치겠다…

그리고 마지막 7년 환난은
세계통치자인 적그리스도랑
유대인들이 약조를 맺는 기간이
될 기라 카고.[4]

그 뒤엔 지금 예루살렘의 이슬람
황금돔 그거 없어지고, 제3성전이
세워지고 희생 제사가 시작된다
카드라.[5]

근데 참 신기한 게, 모리스는
예수님께서 다스리실
천년왕국에서도 동물 희생 제사가
이뤄질 거라 카그등?[6]

완전 개막장이네,
예수님 면전에서
동물 희생 제사??
아니, 근데
이게 맞는
거지.

모리스처럼 일관성 있게
에스겔서, 스가랴서도 문자적으로
보믄, 제사도 회복되는 게 맞아.
막장은 뭘 막장이야? 짜쓱아.[7]

탁탁탁
어, 야야
어데 가노?

우리 오빠 지금 아마 도서관에서 과제하고 있을 텐데…
야, 그럼 굳이…
뚜ㅡ 뚜ㅡ

어 오빠!

지금 어디? 도서관?

나 학교 모둠 과제 땜에 물어볼 게 좀 있어서. 지금 그리로 가도 됨?

응, 잠시면 돼. 응응. 그럼 지금 간다!

가자.
아니 온유야, 나는…

걔도 어쩌면 피해자야.

우리 싸무엘이
충격 묫나?

마이 뭇다,
끄지라...
맞나ㅋㅋㅋ
니 사투리 쫌
한다이?

아아...
세대주의 전천년설을
믿은 게 모리스 개인만의
문제가 아니었네...

다윈 시대 직후… 과학자나 성직자 중에 젊은지구론 주장하는 사람을 찾기 힘들었던 시기에…

엘라자 로드, 데이비드 로드라는 형제가 거의 유일하게 홍수지질학과 지구 나이 6천 년을 주장하는 책을 썼는데…[8]
Eleazar Lord
(1788-1871)
David N. Lord
(1792-1880)

근데 이 사람들부터 이미 세대주의 전천년설을 믿는 이들이었어.[9]

또 데이비드 로드가 쓴 책은 제칠일안식일예수재림교의 대표적인 대학, 배틀크릭 대학에서 지질학 교과서로 사용됐는데[10]
GEONOSY
FACT AND PRINCIPLE OF GEOLOGY
David N. Lord

그 배틀크릭 대학을 나온 안식일교회의 조지 맥크리디 프라이스가 홍수지질학을 제대로 정리한 사람이네.

그리고… 프라이스의 홍수지질학 책인 『새로운 지질학』을 읽고 인생이 바뀌는 경험을 했다고 한 사람이 바로… 헨리 모리스…[11]
The NEW GEOLOGY
PRICE

거의 뭐
거룩한 계보네.
게다가…

당시 미국의
모리스와 같은 홍수지질학자들
대부분이 임박한 종말을
기대한 전천년설자들이었고…12

…그래서 그런가,
내가 읽었던 다른 책에서도
창조과학을 '과학적 세대주의'라
캤었는데.13

근데 솔직히 말해바라.
니는 세대주의 종말론
믿은 적 읍나?
……

내, 니 블로그 들어가 봤그등?
베리칩, 세계 정부, 일루미나티
이런 거 막 올려놨든데?
호잇

야약! 그거는 중고딩 때
신학도 뭐도 모를 때!
휙
휙
아X 그거
안 지워놨나?

그봐라 인마,
성경 보는 렌즈가
어디 안 간다니까?

종말론을 세대주의식으로,
기계적 문자주의로 읽어내던 그 렌즈로
창세기를 보믄, 창조과학식의
해석으로 자연스럽게 드가는 기라.

그게 창조과학의 아버지
헨리 모리스가 창세기와 계시록을
해석하는 방식에서
극적으로 드러난 기지.
궁창 위의 물은
실제로 대기권 위에
있는 거임!
천사들이 실제로
땅 네 귀퉁이를
잡는 거임!

근데 너
세대주의 종말론자
아니지? 너 이 자식,
일부러 이런 얘기들
꺼낸 거지?

그거를 인자서
눈치챘나.
근데 친구야,
이게 다 너를...

싸랑해서 그런!
커억!!

우웅
우웅

우웅
우웅
온유
아... 온유 왔나 보다.

까똑
까똑

유준
온유랑 온유 오빠한테 가는 중ㅠㅠ
창조도서관...

주

1. Henry M. Morris, *Creation and The Second Coming* (Master Books, 1991), 139-145, 24, 182-183; 이 책의 모리스의 논지에 대해서는, 윤철민, 『창조과학과 세대주의』(CLC, 근간), 119-135.

2. Henry M. Morris, 같은 책, 41-45.

3. Henry M. Morris, 같은 글.

4. Henry M. Morris, 같은 책, 99-104.

5. Henry M. Morris, 같은 글.

6. Henry M. Morris, 같은 책, 149-152.

7. Henry M. Morris, 같은 글.

8. Ronald L. Numbers, 『창조론자들』(새물결플러스 역간), 70-73.

9. Ronald L. Numbers, 같은 글.

10. Ronald L. Numbers, 같은 글.

11. Henry M. Morris, *History of Modern Creationism*, 80, 90-91, 121; Henry M. Morris의 1981년 1월 6일 자 인터뷰; Ronald L. Numbers, 같은 책, 461.

12. Ronald L. Numbers, 같은 책, 780-781.

13. Mark A. Noll, 『복음주의 지성의 스캔들』(IVP 역간), 252.

16화

질문하는 용기

그래서?
그게 끝이야…?

하……

…뭐야 그럼? 나한테 지금껏 창조과학 얘기해준 사람이 오빠잖아?

근데 갑자기 뭔데 지금? 나는 뭐 어떡하라는 거야?

나도 지금 복잡해.
더 찾아봐야 되고...

나 월요일에 젊은지구론으로
과제 제출해야 돼. 오빠가 지금 와서
이러면 어쩌라는 거야?

아니, 니 과제를 갖고
왜 나한테 난리야!

나 지금 이 내용으로
좀 더 알아봐야 하니까,
여기서 이러지 말고 집에 가.
얼른.

저기...
온유야...

중간 평가...
니네가 알아서.
맘대로 제출해.

난 빠질게.

야, 어디 가!

탁탁탁
탁탁탁

흐흑...
흐흑...
흐흑...

흐흑..
흐흑..

흐흑..
흐흑..

흐흑...
흐흑...

저기 혹시...
온유니?

...?

아...
수영이 아버님...?

탁탁탁
어,
수영아!

너 괜찮아?
온유는?

...집에 갔어.

아까 온유 오빠가
나와서 한 얘길 듣고
충격받은 거 같아.

무슨 얘기를
했길래?

온유 오빠도
창조과학에 대해서 좀...
문제의식을 느끼기
시작한 거 같더라고.

뭐...?
아니...
어떻게?

손수건
감사합니다...

근데...
교회에서 쫓겨...
나신...거...
아니셨나요?

그래
쫓겨났지.
김석제 교수
수영이 아버지

하지만 여기서 기도한 세월이 수십 년이어서 그런가. 몸이 자꾸 여기로 이끄네.
가끔 이렇게 몰래 기도하러 왔다 가곤 해.
...?

근데 온유는 무슨 힘든 일 있니?

아저씨도... 창조과학이 잘못됐다고 생각하시죠? 과학자시니까...

아… 온유 걔
오빠한테 많이 의지하고
있었을 텐데…

많이 충격받았을
거야. 좀 붙잡지
그랬어…

그렇게까진
하고 싶지 않았어.
나한텐 지금…

니가 제일…
중요하니까.

제일 상처받은 건 너야.
온유나 온유 오빠 둘 다
너한테 그래놓고 사과하지도
않았잖아!

나한텐…
준이 너가
있잖아.

온유한텐 이제
아무도 없어.
걔 많이 힘들 거야.

다들 창조과학이
잘못됐대요...
그게 하나님에
대한 제 믿음을
지탱해준
버팀목이었는데...

심지어, 창조과학을
저한테 가르쳐줬던
제 오빠마저도 창조과학이
성경적으로 문제가
있다네요...

전 이제
어떻게 해야 할지...
혼란스럽고,
두렵고...

온유가
하나님을 많이
사랑하는구나.

하나님이
두려운 거지?
창조과학에 대한
믿음이 흔들리면
하나님을 배신하는 것
같으니까.

혼란스러운
거지?
하나님의 말씀을
문자 그대로 믿고자
했던 진지한 열망이
무시당하는 것
같으니까.

하지만
다른 사람은
몰라도...

하나님께선
너의 그 두려움과
열망을 무시하지
않으실 거다.

온유 네가
얼마나 하나님을
사랑하는지...
그분이 가장 잘
아실 테니까.

으윽...
흐윽...
흐윽...

그 무엇이 너를
우리 예수님 안에
있는 하나님의 사랑에서
끊을 수 있겠니?

조금 더 용기를
내봐라, 온유야.

네가 하나님을
사랑하는 만큼, 조금만 더
용기를 내서 그분을
알아가려고 해봐.

하나님은 완전하시지만,
하나님과 성경에 대한
우리의 이해는 때론 어설프고,
때론 틀리기도 하지.

하지만 틀리더라도,
수없이 틀리고 또
틀리더라도,

절망하지 않고
찾아 나아가는
이들이 결국엔 더
온전한 걸 보게
되지 않을까?

특히 창세기와 과학 같은
쉽지 않은 문제일수록, 자신이
정답을 알려주겠다는 사람들이
훨씬 위험할 수 있단다.

쉽지 않기 때문에...
손쉬운 해답, 익숙하고
편안한 해석에 끌려가기
쉽겠지만...

하지만 온유는
질문하는 용기를
내봤으면 한다.

그럼...
지금 질문 좀
해도 돼요?

그럼!

아… 근데
시간이 좀
늦었구나.

수영이도 이런 걸로
고민이 많으니, 내일
같이 얘기하는 것도
좋겠다. 어떠니?

아…
수영이요…

둘이 친한 거
아니었니?
이제
볼 날도 얼마
안 남았는데…

네?
그게 무슨…?

온유가
전활 안 받네…

내일 교회
갔다 와서 연락해볼게,
내가.
그래.

근데
수영아.

응?

그게 무슨… 말씀이세요? 수영이가 어디 가나요?

응? 수영이가 얘기 안 했니?

괜찮다면 이제… 대답해줄 수 있어? 우리 사이에 대해서.

17화

창세기 1장은 역사인가, 시인가?

아 수영아,
내가 지금 재촉하는
건 아냐. 나중에
얘기해도...

나 영국 가.

와... 영국?
좋겠다.
뭐,
여행 가는
거야?

아니...
가족들 다 같이...
학교도 거기서
다닐 거 같아.

아...
그렇구나.

언제
가는데...?
다음 달.

갑자기
이런 얘기해서
미안해...
아냐 아냐,
뭘...

우웅
우웅

응 엄마.

알았어, 지금
들어갈게.
아,
알았다니까.

들어가
봐야 되지?
응...

내일...
다시 얘기해.
그래.

...상관없다.

영국. 그게 뭐 대순가.
약간 떨어져 있는 거지 뭐.

아무 문제없다. 그럴 거다.

그리고 다음 날은 기쁘게도, 수영이 아버님과
어머님도 뵙게 되었다.

온유는 어제 수영이 아버님과
우연히 만나 얘기 나눴다는데,
마음이 한결 풀려 보였다.

너는 처음 보네?
네, 아버님! 유준이라고 합니다.

내가 그때 말했잖아, 준이.
아... 걔구나.
...?

자, 먹으면서들
얘기 나누세요.
요 쿠키는 수영 아빠가
직접 구운 거.
와~!
와!

내가 좀 멍청하고
오류가 많지만, 쿠키는
괜찮을 거다.

생각보다 과학자들이
좀 멍청해. 오류도
엄청 많고..
떠벌
떠벌

아버니임!!
늦게나마 사과
드립니다!!
굳이 일러바쳤던
1인.

뭐, 질문하라고
부르신 거니까,
바로 질문할게요.
음,
그래 그래.

다른 것보다... 창세기 1장이
제일 궁금해요. 젊은지구론이 아닌
다른 입장들은 다 우주가 100억 년이
넘었다고 하는데...

그럼
창세기 1장을 역사적 사실로
보기 어려워지는 거
아닌가요?

어떤 사람들은 창세기 1장을
'시'로 보기도 하던데, 저는 그건
정말 아닌 거 같거든요.

창세기가 역사를
담고 있다는 것에는
논쟁의 여지가 없지.
역시 그렇죠?
역시 아니죠?

하지만 '하나님의 창조'라는
역사적 사실에 대해,
창세기 저자가 무엇에
초점을 두고 기록했는지는
다른 문제다.

초점이요?

음...
예를 들어서...

아까 수영 엄마가
내려온 이 커피에 대해서
준이 네가 한번
설명해볼래?

커피야 뭐...

원두 갈아서
필터에 담고,
뜨거운 물 부어서
내려진 거죠 뭐.

그렇지.
그럼 수영이도 이 커피에
대해 설명해봐.

음...
사실 난 핫초코를
원했지만, 엄마는
우리 대화가 중요할 것
같다면서...

또렷한 정신으로
멋진 얘기 나누라고
이렇게 찐~한
커피를 내려주셨네요.

어때?
둘 다 커피에 대한
사실을 말했지만
초점이 다르지?

아하...

고대 히브리인이었던
창세기 저자의 초점은
'창조의 목적'에 있었단다.[1]
בראשית

즉 세부적인 창조 과정과 구조를 규명하기 보다는,
하나님이 누구시며, 그분이 창조를 행하신 목적이 무엇인지에 관심이 있었다는 말이지.[2]

그래서 창조 기사를 보면, 먼저 하나님만이 '왕'이시란 사실을 드러내고 있어.[3]

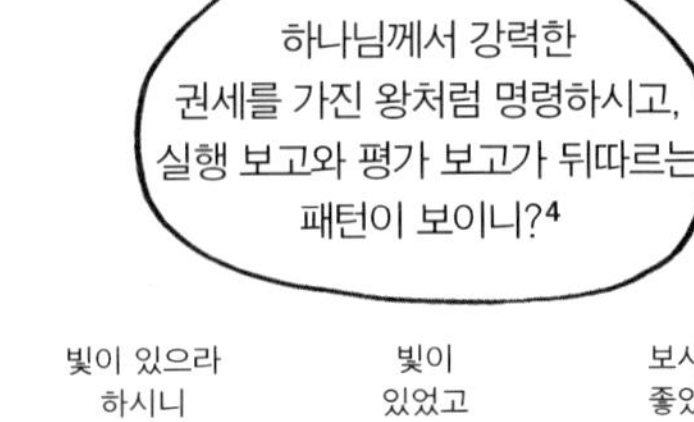
하나님께서 강력한 권세를 가진 왕처럼 명령하시고, 실행 보고와 평가 보고가 뒤따르는 패턴이 보이니?[4]

빛이 있으라 하시니
명령

빛이 있었고
실행

보시기에 좋았더라
평가·승인

갈등과 투쟁으로 이뤄지는 고대 근동의 다른 창조 신화들과는 달리, 여기엔 갈등도, 라이벌도 없어.[5]

오직 말씀만으로 창조하는 왕이신 하나님의 독보적인 권세와 주권을 보여주고 있는 거야.[6]

그리고 창조 사역의 마지막에 위치한 피조물을 통해, 그분의 목적을 드러내고 있는데...

그 목적이 바로 인간을
'하나님의 형상'으로 지으셔서
이 피조세계를 선하게 다스리시려는
것이었다.[7]

그리고 여기서
'하나님의 형상'이란 말은,
인간의 생물학적 특성을
가리키는 말이 아니라,
인간의 소명을 의미해.[8]
하나님의 형상

하나님의
통치와 질서를
드러내는 대리 통치자.[9]

하나님을 향한
온 만물의 찬양을
비추는 제사장.[10]

즉, 왕 같은
제사장으로서의 소명이
여기 담겨 있는 거다.[11]

아...
그러니까 창세기 1장은
창조가 144시간 걸렸고,
우주는 6천 년 되었고, 뭐
그런 걸 설명하려 쓰인 게
아니라...

이 세상을 오직
말씀으로만 창조하신
주권자가 누구신지,

그리고
'하나님의 형상'으로 지어진
우리가 누구인지,
바로 거기에 초점을 두고
쓰인 거라고 본다.

그날 수영이 아버님의 설명은,
훗날 내가 신학을 하게 된
씨앗이 되었다.
후룩
그렇구나…

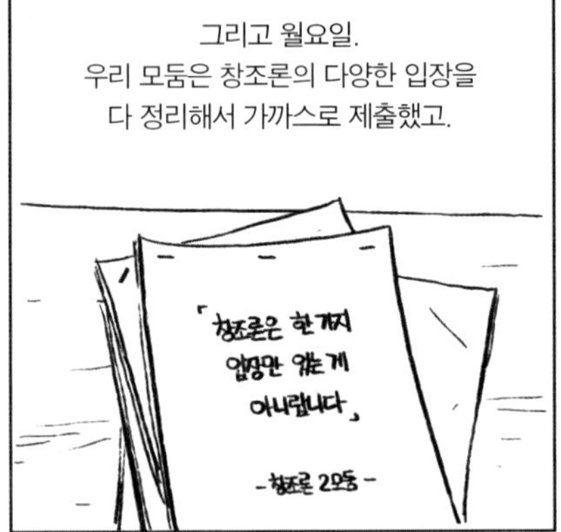
그리고 월요일.
우리 모둠은 창조론의 다양한 입장을
다 정리해서 가까스로 제출했고.
「창조론은 한 가지
입장만 있는 게
아니랍니다」
-창조론 2모둠-

예상 외로 좋은 평가를 받았다.
창조론 2모둠
거는 보면서 쌤도
쫌 배웠다. 정리
잘했네.

모든 게
크~~!
크~!

잘 풀려갔다.

가장 중요한 한 가지만 빼고.

우리...
어떡할까...?

아, 버스
왔다!

주

1. John H. Walton, 『IVP 성경배경주석』(IVP 역간), 38-39.
2. John H. Walton, 같은 글; L. H. Osborn, 『IVP 성경신학사전』(IVP 역간)의 기고문, 1098.
3. L. H. Osborn, 같은 글; J. Richard Middleton, 『해방의 형상』(SFC 역간), 82-93.
4. J. Richard Middleton, 같은 글.
5. Tremper Longman III, 『어떻게 창세기를 읽을 것인가?』(IVP 역간), 98; L. H. Osborn, 같은 글.
6. J. Richard Middleton, 같은 글; L. H. Osborn, 같은 글.
7. N. T. Wright, 『시대가 묻고 성경이 답하다』(IVP 역간), 52-53.
8. N. T. Wright, 같은 책, 61-62.
9. N. T. Wright, 같은 글; Tremper Longman III, 같은 책, 140-142.
10. N. T. Wright, 같은 글.
11. N. T. Wright, 같은 글; 벧전 2:9; 계 5:9-10.

18화

과학과 신학, 함께 걷기

야,
대답 좀
해줘.

...너는 어떻게
하고 싶은데?

모르겠어...
사귀게 되면 좀
...힘들어지겠지?

그런 거 말고,
그냥 니 맘을
좀 얘기해주면
안 돼?

아, 좋아한다고!

아... 나 진짜
나쁜 거 같아.
이제 와서...

영국에서 다닐 학교가 확정이 안 되서... 못 갈 수도 있겠다고 생각했어.

사실 교회에서 받은 상처도 컸고... 한국에 별로 있고 싶지도 않았었고...

그래서 아빠 따라 영국 가는 김에 나도 과학자가 되는 꿈이나 한번 이뤄보자... 몇 달 동안 많이 들떠 있었는데.
너랑 같이 다니면서...

나, 처음으로 영국에 안 가도 좋겠다는 생각이 들었어.

며칠 전에 영국 학교에서 연락 오기 전 까지만 해도...
너랑 함께할 상상 혼자서 참 많이 했는데.

뜨악!

우와!
우와!

선배님,
잘 찍으세옷!
2018년도 대학수학능력시험
경기도 교육청 제00지구
창조고
화이팅!!

자자
찍는다!
하나-
둘-

찰칵

참나.
난 뭐 그런 상상까진 안 해봤는데, 좀 오버하네, 너.

니 꿈을 위한 길이잖아. 멋있게 걸어가.

페북, 카톡 다 있는데 뭐, 영국에 있든 어디에 있든 가끔 연락하고 지내면 되지 뭐.

진짜... 그렇게 생각해?
응.

야, 나도 내 꿈 찾아서 열심히 할 거야 걱정 마.

니가 그렇다면
뭐... 다행이네.

슬슬 춥다.
들어가.

고작 나랑 함께하기 위해.
창조론 연대기
준 & 수영

수영이의 길을 막을 순 없으니까.

나는 나대로의 길이 있을 테고.

멀리 생각하자.
좋게 생각하자.

나, 가기 싫어.

타당
탕

흐흑…

으흑…
으흑…
으흐흑…

수영이와 나의
창조론 연대기는.

그날 그렇게 끝났다.

15년 후.

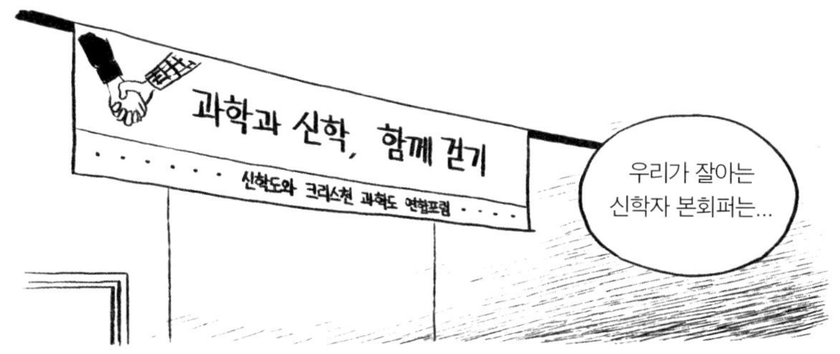
과학과 신학, 함께 걷기
신학도와 크리스천 과학도 연합포럼
우리가 잘아는 신학자 본회퍼는…

종교에 관해서 '데우스 엑스 마키나'라는 개념을 설명했습니다.[1]

데우스 엑스 마키나는 직역하면 '기계로부터의 신', 그러니까 문제 해결책으로서의 신입니다.[2]

기적적인 방법을 통해서만, 신비로운 방법을 통해서만 일하시는 하나님을 생각합니다.[5]

결국, 과학이 점차 더 발전하여 과학으로 설명 가능한 영역이 늘어나면 늘어날수록 하나님의 사역지가 좁아지는 셈입니다.[7]

과학 과학

음… 고등학교 시절 친구 한 명이 떠오르네요.

그 친구 덕분에 저는… 제 틀 속에 갇힌 하나님이 아니라, 광대하신 창조주 하나님을 찾아갈 수 있었습니다.

이 자리에서 특별히 그 친구에게 감사한 마음을 전하고 싶습니다.

오전에 발제하신 분들 모두 감사드립니다. 점심 식사 후에 다시 시작하겠습니다.

준아!

밥 먹으러...
갈까?

어쩌면 우리의 항해는.
가자.

지금부터가 시작인지도
모르겠다.

주

1. D. Bonhoeffer, *Widerstand und Ergeburg*, Siebenstern-Taschenbuch 1, 8. Aufl. 1974, S. 136ff; 김균진, 『예수와 하나님 나라』(새물결플러스), 175-177.

2. 김균진, 같은 책, 177.

3. 김균진, 같은 글.

4. 김균진, 같은 글; N. T. Wright, 『시대가 묻고 성경이 답하다』(IVP 역간), 32.

5. N. T. Wright, 같은 글.

6. 우종학, 『무신론 기자, 크리스천 과학자에게 따지다』(IVP), 74-76.

7. 우종학, 같은 글.

에필로그

창조과학에 매료된 건
바로 그 이유 때문
이었을 것이다.

그 이후로 탐구해왔던 것들에 대해
나눴던 우리의 대화를 잠시 공개한다.

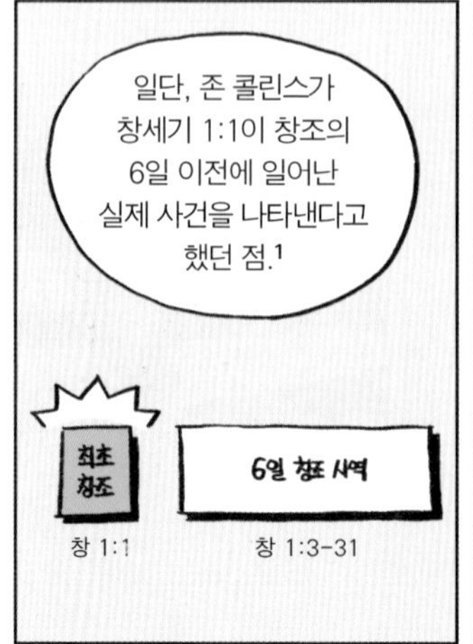

1절은 창조의 6일의 요약이 아니라,
무로부터의 창조가 일어난
시작점이었다는 거지.[3]
창 1:1
1 2 3 4 5 6
창 1:1
1 2 3 4 5 6

그렇다고 한다면, 그 6일이
꼭 우주의 첫 6일이어야
할 이유가 없다는 거야.[4]
오호...

이러한 1:1의 해석은
오랜지구 창조론자
존 레녹스도 『최초의 7일』
이라는 책에서 그대로
동의하더라고.[5]
최초의 7일
7

흠... 그럼 그 6일
자체에 대해선
어떻게 이해해?

콜린스는 6일을 헤르만 바빙크의
주장처럼, '하나님이 일하신 날들'로
봐야 한다고 해.[6]

하나님의 눈, 하나님의 손
등을 인간적인 의미로 이해하지
않듯이, 하나님이 일하신 날들도
24시간에 맞출 이유가 없다는 거지.[7]

일단 월튼은 이사야 66:1 말씀대로, 하늘과 땅 전체를 하나님이 안식하시는 성소로 봐.[9]

하늘 → 보좌

땅 → 발등상

그래서 월튼은 창세기 1장의 7일을 우주적 성전의 취임식을 나타내는 것으로 보더라고.11
1 2 3 4 5 6 7

취임식?
응, 고대 근동에서 보통 성전 취임식이 7일간 진행되었다고 하는데...12

이 기간에 성전의 각 기능이 결정되고,
제사장들은 임무를 부여받았고,
신은 성소 가운데 위치하여 안식을 누리게 돼.13

우주 전체를 하나의 성전으로 볼 수 있다면, 창조 기사의 7일도...

각 피조물이 역할과 기능을 부여받고,
인간에겐 하나님의 형상으로서 제사장적 사명이 주어진 기간으로 생각해볼 수 있다는 거지.14

흠... 존 콜린스와 존 월튼 두 사람의 주장을 들으니...

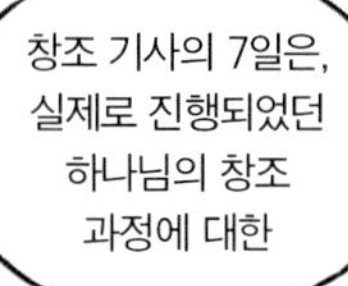
창조 기사의 7일은, 실제로 진행되었던 하나님의 창조 과정에 대한

하나의 연례적 재연이자 찬양으로 올려진 게 아닐까... 하는 생각이 드네.
1
2
5
6
7

말씀만으로 만물을 지으시고, 각 피조물의 역할과 기능을 지정하며 성전에 앉으시는... 그 한 분 왕을 높이 올려드리는 목적으로 쓰였달까?[15]

오... 그렇게 볼 수도 있겠네.

기독교 세계관으로 과학을 이해하는 측면에서는, 난 알리스터 맥그래스의 『정교하게 조율된 우주』라는 책이 되게 좋았어.
정교하게 조율된 우주

특히 아우구스티누스의 창조 신학을 과학과 조화시켜보는 부분이 재밌었는데...
Augustinus

아우구스티누스는 창조 기사에서 땅이 스스로 곡물과 나무들을 낼 능력을 받았다는 사실에 주목하더라구.[16]
"땅이 풀과 ...
열매 맺는 나무를 내니..."

그걸 통해서 하나님께선 창조의 순간에, 앞으로 존재하게 될 미래의 것들까지 지으신 거라고 해석해.17

마치 '씨앗'처럼 때가 되면 인과율에 따라 만들어지고 드러날 것들을 만드셨단 거지.18

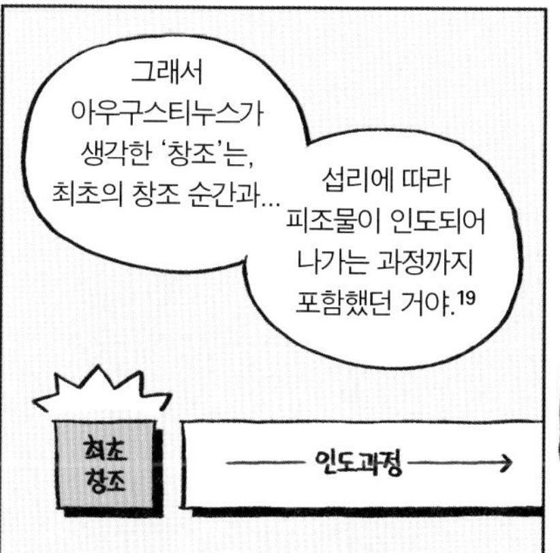
그래서 아우구스티누스가 생각한 '창조'는, 최초의 창조 순간과…
섭리에 따라 피조물이 인도되어 나가는 과정까지 포함했던 거야.19
최초 창조
인도과정

아하…
어쩌면 이 지점이 현대 과학과 기독교적 실재관이 조화를 모색해 볼 만한 지점이 아닐까 싶어.

고생물학자 콘웨이 모리스는 진화의 경로는 많지만, 진화가 다다르는 '종착지'는 한정되어 있다고 하고…20
Simon Conway Morris

생물학자 에른스트 마이어도 자연에는 '목표 지점'으로 나아가는 과정과 활동이 풍부하게 존재한다고 했어.21
Ernst Myer
(1904-2005)

알리스터 맥그래스는
이런 점들을 탐구해가며,
이렇게 얘기하더라고.

'창조'라는 개념을 꼭
단번에 끝난 하나의 사건으로
해석할 필요가 없습니다.
오히려 어떤
'목적을 향해'
나아가는 과정으로도
이해할 수 있습니다.22
Alister Edgar McGrath

목적을 향해
나아가는 과정이라...
히야... 역시
맥그래스 형님!

들어갈까,
이제?
아... 시간
다 됐구나.

너 결혼은...
했어?

구질구질하기는...
15년 동안 연락 한 번
안 해놓고.

결혼
했구나...

안 했어.

주

1. C. John Collins, 『창조 기사 논쟁』(새물결플러스 역간)의 기고문, 206-208.

2. C. John Collins, 같은 글.

3. C. John Collins, 같은 글.

4. C. John Collins, 같은 책, 198.

5. John C. Lennox, 『최초의 7일』(새물결플러스 역간), 56.

6. C. John Collins, 같은 책, 205.

7. John C. Lennox, 같은 책, 62.

8. C. John Collins, 같은 책, 201-202, 206.

9. John H. Walton, 같은 책의 기고문, 354-358.

10. John H. Walton, 같은 글.

11. John H. Walton, 같은 글.

12. John H. Walton, 같은 글.

13. John H. Walton, 같은 글.

14. John H. Walton, 같은 글.

15. 『창조 기사 논쟁』에서 C. John Collins와 Tremper Longman III은 창조 기사의 형식을 '고양된 산문'으로 본다.

16. 창 1:12; Augustine, *De Genesi ad litteram* 5.4.11; Alister E. McGrath, 『정교하게 조율된 우주』(IVP 역간), 227-228.

17. Augustine, 같은 글; Alister E. McGrath, 같은 글.

18. Augustine, 같은 책, 5.23.45; Alister E. McGrath, 같은 책, 229-231.

19. Alister E. McGrath, 같은 책, 223-224.

20. Simon Conway Morris, *Life's Solution: Inevitable Humans in a Lonely Universe* (Cambridge: Cambridge University Press, 2003), 297; Alister E. McGrath, 같은 책, 400-405.

21. Ernst Myer, *Toward a New Philosophy of Biology*, 44-45; Alister E. McGrath, 같은 책, 394-395.

22. Alister E. McGrath, 같은 책, 410.

창조론 연대기

Knowing God's Creation

1쇄 발행 2017년 1월 20일
16쇄 발행 2024년 5월 24일

지은이 김민석
펴낸이 김요한
펴낸곳 새물결플러스

편 집 왕희광 정인철 노재현 이형일 나유영 노동래
디자인 황진주 김은경
마케팅 박성민
총 무 김명화 이성순
영 상 최정호
아카데미 차상희

홈페이지 www.holywaveplus.com
이메일 hwpbooks@hwpbooks.com
출판등록 2008년 8월 21일 제2008-24호
주 소 (우) 04114 서울특별시 마포구 신촌로28가길 29
전 화 02) 2652-3161
팩 스 02) 2652-3191

ISBN 979-11-86409-92-3 03230

책값은 뒤표지에 있습니다.